いまからはじめる
アクティブラーニング
導入&実践
BOOK

ACTIVE LEARNING
INTRODUCTION & PRACTICE

小林 昭文
AKIFUMI KOBAYASHI

学陽書房

まえがき

　本書を手にとっていただいたあなたは、もうすでに何冊もアクティブラーニングの本を読んだ上で、この本を手にしていただいたのかもしれませんね。もしくは、さまざまな雑誌や新聞、あるいは同僚や管理職の情報から、アクティブラーニングの本を読んでみようと、初めて手にしてくださったのかもしれません。

　いずれにせよ、いまや教員にとって、アクティブラーニングへの対応は喫緊の課題となっています。とりわけ、アクティブラーニング型授業を前提にした文部科学省の大学入試改革を目前にして、多くの大学がすでに入試を大きく変え始めているいま、高校教員にとってはとりわけすぐにでも取り組まなければならない問題になっています。

　とはいえ、いきなりいままでの授業スタイルを変えて、なおかつ成果を上げなければならないというのは、なかなか大変なことです。ある雑誌で「アクティブラーニングはこわくない」という特集も組まれていましたが、「アクティブラーニングって何をやればいいのかわからない」「いったいどんな授業をすると本当に効果があるアクティブラーニングになるのか」と戸惑っている教員がほとんどだと思います。

　また、私が講演会に行くと、多くの教員の方から「実際にアクティブラーニングに取り組んでみたけれど、生徒がついてきてくれなかった」「授業準備は実際にどうしたらいいのか」「アクティブにならない生徒が何人かいるけれど、どうしたらいいのか」「評価はどうするのか」と、さまざまな質問を受けます。どうも、いままで出した本や出されている本だけでは解決しない問題がまだまだあるようです。
　そのため本書では、とりわけ質問の多かった、アクティブラーニン

グを初めて授業に導入するときの具体的な方法や、私のつくっている授業のワークシート、生徒が活動する時間の効率性をアップするための教室環境の整え方、学力定着のために毎時間行っている確認テストの具体的なつくり方、生徒への声かけの具体例など、私が実際の授業で行っている非常に具体的なノウハウをまとめました。

　本書を読めば実際にアクティブラーニング型授業をその日から行えるところまで、わかりやすく、あますところなく、私のやり方を公開したつもりです。

　いま、文部科学省が、明治維新や戦後の民主化に次ぐ「第三の改革」と呼ぶほどの大きな教育改革が迫る中、教員の役割も大きく変わろうとしています。

　ただ知識を伝達するということではなく、生徒が自分で課題を発見し、人と協働して問題を解決していく力を引き出し、彼らの創造性を抑えるのではなく、より解き放つ役割を引き受けられる教員が求められています。

　生徒自身に学びをゆだね、彼らの成長を楽しみに待ち、彼らの一つ一つの失敗もじっと見守るまなざしを持てる教員が必要なのです。

　実際に生徒の学びについて、すでにそうしたとらえ方をしている教員の方は数多くいらっしゃると思います。しかし、とらえ方だけではなく、実際の自分の授業スタイルを変えるためには、具体的なノウハウが必要です。

　本書が志を持つ多くの教員の方に役立つものになることを願っています。

産業能率大学経営学部教授
小林昭文

いまからはじめるアクティブラーニング導入&実践BOOK　**もくじ**

まえがき —— 3

アクティブラーニング型授業へようこそ！

1　きっかけは「目指せ！　居眠りのない授業」—— 10

2　アクティブラーニングが緊急の課題になっているのはなぜか —— 14

3　アクティブラーニング型授業に形式の縛りはない —— 16

4　「生徒にアクティブラーニングが起きている」とは？ —— 18

5　アクティブラーニングは「キャリア教育」—— 20

コラム　教員の試行錯誤こそが宝です —— 24

はじめてアクティブラーニング型授業を導入するとき

1　最初の授業はワークショップ型で始めよう～その１ —— 26

2　ワークショップ型授業「科学者になる」～その２ —— 28

- **3** コンセンサスゲームをやってみよう！ — 30
- **4** テンポよく進めるのがゲーム成功の秘訣！ — 36
- **5** グループで話し合って優先順位を決める — 38
- **6** ゲームの解答を配って採点する — 40
- **7** コンセンサスゲームで学べること — 42
- **8** 「スルーしてしまった意見」こそ価値がある — 44

> **コラム** リフレクションカード — 46

第3章 アクティブラーニング型授業のための授業準備

- **1** パワーポイントはすべて「教科書」から！慣れれば準備は15分 — 48
- **2** 資料の数は限定。説明は必ず練習を！ — 50
- **3** 演習問題の選び方＆並べ方〜ついでに解答解説プリントも — 58
- **4** 資料づくりだけじゃない！体調管理も大事な授業準備 — 66
- **5** 失敗したとき用の代替案を用意しておこう — 68

> **コラム** アクティブラーニング型授業のメリット — 70

やってみよう！アクティブラーニング型授業

1. チャイムが鳴る前に教室で授業の事前チェック ── 72
2. プリントは並べておけば時間短縮に ── 74
3. 授業の前と後に生徒たちとの「ついでに一言」を ── 76
4. 説明も授業の進め方も「教科書どおりの順番」で ── 78
5. 教員の「説明しすぎ」で生徒は意欲をなくす ── 80
6. 失敗しない「パワーポイント授業」のツボ ── 82
7. 授業では「内容目標」より「態度目標」を先に提示する ── 84
8. 「演習問題」の時間に教員が生徒に関わるコツ ── 90
9. 生徒たちの話し合いを活性化させる「具体的な質問」 ── 100
10. 確認テストは「時間厳守」で実施に意味がある ── 104
11. 「ほぼ全員花丸100点」で物理好きから「物理がわかる」に ── 108
12. リフレクションカードで「今日の学び方」を振り返る ── 112
13. 慣れてくれば「うまくいかないチーム」もわかる ── 116
14. 生徒への受け答えは「そうなんだ」「よかったね」 ── 118

コラム アクティブラーニングを始める10のコツ！ ── 120

困ったときには？
アクティブラーニングQ&A

1 他の生徒と関われずに孤立している子がいたら？ —— 122

2 間違った答えを正しいと思って進めていたら？ —— 124

3 「解答を写して終わり」という生徒がいたら？ —— 126

4 他の教員や管理職に理解してもらうには？ —— 128

5 教育委員会や保護者に理解してもらうには？ —— 130

6 進学校でなくても効果は上がる？ —— 132

あとがき —— 134

アクティブラーニング型授業へようこそ!

1 きっかけは「目指せ！居眠りのない授業」

▶「居眠りできない授業」とはどんな授業か？

　何年か前まで、私も一つの問題に悩まされていました。それは「授業中に居眠りする生徒をなくすにはどうしたらいいか？」ということです。

　このことを私はとことん突き詰めて考え続けました。そして、「生徒たちが楽しく学べるようにしよう」「居眠りする暇がないほど、頭が働き続けるようにしよう」と考える中で、「板書を書き写す時間はないほうが生徒は楽だろうな」「講義の時間は長いと集中力が続かない。短いほうがいいな」という発想が浮かんできました。

　そこで、たどり着いたのが本書でご紹介するアクティブラーニング型授業です。

　最初に説明の時間を15分、演習の時間を35分、確認テストとリフレクション（気づき）カードの記入に15分というスタイルです（私のいた高校では授業が1コマ65分でした）。

　最初の説明には、パワーポイントでつくった資料をプロジェクターで映します。同じものをプリントとして配布しています。

　演習問題の時間、ここからが、本格的なアクティブラーニングの時間です。

　生徒たちに、演習問題を四つ出します。そこで、
「どんどんほかの人としゃべりましょう。立ち歩いてほかの友だちに聞きに行きましょう」と言います。

　こうして、「板書なし・ノートなし」「解答解説・前渡し」「落書き

推奨」「席自由」「全員100点の確認テスト」という、これまでにない授業が動き出します。

▶ 生徒のコメントを見れば成果がわかる！

「こういう授業で、教科書が終わるのですか？」と、研修会などで聞かれます。しかし実際、私の授業は教科書の順番どおりに進めることができています。教科書の内容はしっかり終えることができますし、時間が余るくらいです。全体の成績も上がり、何より、「物理好き」の生徒が増えます。

もちろんそれには、いろいろな工夫、仕掛けがあります。

生徒たちのリフレクションカードを見ると、成果ははっきりわかります。

「パワーポイントを使って授業するから、先生が板書するのを待つような無駄な時間がなくていい」

「友だちに教えたり、教え合ったりすることで、新たな発見ができる！」

「問題を解くときも、1人でやるのではなく、友だちに質問したり、話し合って理解を深めていける。今までになかったこと」

教員が生徒を動かすのではなく、生徒たちが自分たちで積極的に動き、関わり、そして深く学んでいくのが、アクティブラーニング型授業だと考えています。

ポイントさえ押さえれば、誰でも簡単にできるのです。

ここがポイント！

「居眠りできないくらい頭が働くように」を実現！
誰でもできるアクティブラーニング型授業。

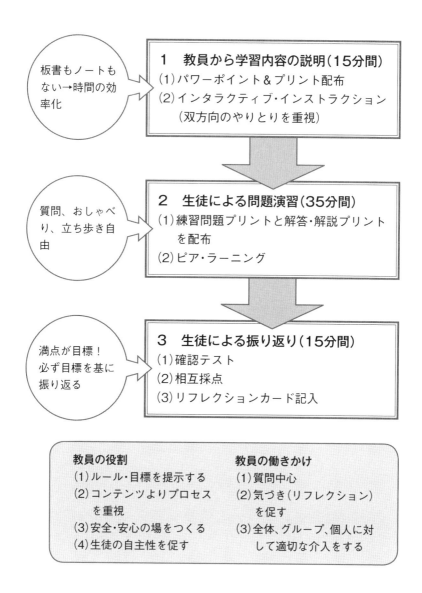

実験的授業の効果（生徒たちの声と成績の変化）

- 1時間集中してできた☆
- まわりの人が教えてくれた♡楽しかった！！！
- よくわかった！
- 楽しく勉強できるからやる気がでる。
- やっと1人友だちできた。
- 生徒同士で質問するから、両方が学べること。
- 先生に教えられて気づくよりも、自分で考えてわかった喜びのほうが大きかった。
- 難しい問題がわかった。
- 今さら、先生に聞けないことも友だちに聞けた！

生徒たちの成績等の変化

- 物理選択者増加
  3年「物理Ⅱ」22名／62名
  2年「物理Ⅱ」40名／91名
- 「センター試験Ⅰ」の平均点向上
  偏差値43.9／50.4
- 授業の進度向上
  11月に教科書終了！

アクティブラーニングが緊急の課題になっているのはなぜか

▶ **次期学習指導要領に「アクティブラーニング」導入**

　すでに現時点では多くの教員の方がアクティブラーニングに対応しようと考え、実際に授業に導入されている方もたくさんいらっしゃることでしょう。**このアクティブラーニングにまつわる動きは、文部科学省が次期学習指導要領で、公教育にアクティブラーニングを導入することを打ち出したことから始まっています。**

　これまでの学習指導要領は、「何を教えるのか」という指導内容に重点が置かれていました。今回、「どのように学ぶか」ということについて、史上初めて踏み込むものとなります。さらに「どのような力が身についたか」を重視する評価方法となり、評価の在り方も変わります。

　また、2020年度から、大学入試のセンター試験が廃止されることが決まり、代わりに「大学入学希望者学力評価テスト」が行われることになりました。これらの大学入試改革は、学校教育へのアクティブラーニングの導入を前提としたものになっています。

　すでに多くの大学がこの方向に沿って入試改革を始めており、今までのような1点刻みの記憶力勝負ではなく、課題発見能力や人と協働しての課題解決能力があるかどうかを、時間をかけて面接などを重視してみていくという方向に進み始めています。こうした課題発見・解決能力とは、まさにアクティブラーニング型授業でこそ培われる能力であり、大学はその能力で合否を判定しようとし始めているのです。

▶ 現実的な課題はアクティブラーニングが起きる時間を増やすこと

　取り組みの迫られるアクティブラーニングに対し、難しそうに思う人もいますが、実はそんなことはありません。溝上慎一教授（京都大学高等教育研究開発推進センター教授）の定義に沿って言えば、「100％ワンウェイの授業以外」の授業はすべてアクティブラーニング型授業と言えます。つまり、これまでにも多くの教員たちは、アクティブラーニング型授業を行っているのです。

　現実的な課題は、より多くの生徒たちに、より多く、アクティブラーニングが起きる時間を増やすことでしょう。

　1クラスで、1～2人に瞬間的にアクティブラーニングが起きるのではなく、10人、20人、できれば全員に30分、40分もアクティブラーニングが起きる——。そういう授業を目指すことです。

　さらに、その学びがより深いもので、「これまでやってきた学びとは考え方が違うんだ」「こういうやり方のほうが、より深く学べる」と気づいて、その後の行動が変容するようなことが起きる、そんな授業を目指すことが、いま求められています。

> **ここがポイント！**
>
> これまでも教員はアクティブラーニング型授業を行っている。
> アクティブラーニングが起きる時間をさらに延ばすことが課題。

3 アクティブラーニング型授業に形式の縛りはない

▶「授業スタイル」にこだわらなくていい

　こうしていまや誰もがアクティブラーニングを学ぼうとしている状況の中で、私が自分の本や講演会でお伝えしているのは、自分が高校物理の教員時代に確立した、アクティブラーニング型授業です。わかりやすく、誰でも導入しやすいことから、おすすめしています。

　しかし、「アクティブラーニング型授業とはこういうものだ」と言っているわけではありません。

　教育界には、「学び合い」や「協同学習」など、いろいろな手法があります。アクティブラーニング型授業には、形式の縛りはありませんので、どの手法でやってもいいのです。

「机の形はこうしなくてはいけない」
「講義してはいけない」
「グループはこうしなくてはいけない」
というルールはまったくなく、何をやってもいいんですね。

　時折、「私は○○流でやっているので、アクティブラーニングはやらない」とおっしゃる教員の方に会うことがありますが、それは勘違いです。大事なのは、「生徒の頭の中で、アクティブラーニング（主体的・能動的な学び）が起きているかどうか」なので、どのやり方でやってもいいのです。

　私も、「学び合い」、「学びの共同体」、「協同学習ＬＴＤ」や、「ピア・ラーニング」など、さまざまな手法を勉強しました。

　それぞれから多くのヒントを得て、自分の授業をつくっていきまし

た。「何流」にこだわらずに、いろいろなところから学んで、自分の授業をつくっていくようにすればいいのではないかと思っています。

▶活動する学習＝アクティブラーニング型授業ではない

　アクティブラーニング型授業の実践事例発表会などに行くと、「発表や活動＝アクティブラーニング型授業と誤解されているな」と思うことが、しばしばあります。

　たとえば、「三角関数の授業で、校内の木の高さを測って三角比を出しました。これはアクティブラーニング型授業です」というものです。

　二つ問題があります。一つは、何か動けばアクティブラーニング型授業だと誤解されているのではないか、ということです。

　もう一つは、このやり方が流行ってしまったら、教員が実際に生徒を外に行かせるとか、教材を１からつくるとか、準備が大変で教科書を進めるのも難しくなってしまいます。

　生徒にアクティブラーニングが起きる授業は、別に外に行ったりしなくてもできるのです。押さえてほしいポイントです。

ここがポイント！

「生徒にアクティブラーニングが起きる」を基本として、どんな流儀でもアクティブラーニング型授業はつくれる。

「生徒にアクティブラーニングが起きている」とは?

▶ まずは、「生徒が寝ていない」こと

　そもそも、「アクティブラーニングが起きている」とはどういうことかというと、まず、生徒たちが寝ていないことです。

　アクティブラーニングが起きているときに、寝るのは不可能なので、実はけっこう大事な点です。通常、教員が話しているとき、多くの生徒は寝ていますよね。目を開けていても、中身は寝ているという生徒はたくさんいます。

　説明したり、質問したり、話し合ったり、発表したり、考えながら書いたり……という活動は、アクティブであることは間違いないと言えるのですが、脳内で本当に能動的な学びが起きているか、識別するのは難しいです。

　さらに、一見そういう活動はしていないのだけれど、頭の中ではアクティブラーニングが起きているという場合もあります。じっと黙っているのだけれど、深く考えているんですね。

　本当にアクティブラーニングが起きているか、識別するためにも、授業の最後に振り返りのための「リフレクションカード」を書かせています。これは絶対に必要だと思います。

　実際に、その生徒の中で本当にアクティブラーニングが起きているかわからないからです。

　さらに、多くの生徒たちにとって、「自分がどんなふうに学んでいたか」「どんなことに気がついたか」を書く作業は、アクティブラーニングをさらに深めますし、次の学び方への刺激になります。

▶ 自分が経験したことを意識化させよう

　溝上慎一教授の定義に、「認知プロセスの外化」という言葉が出てきます。リフレクションカードの記入は、まさに「認知プロセスの外化」と言えるでしょう。
　グループワークをした後に、
「どんなふうに発言しましたか」
「どんなことを感じましたか」
「どんな活動で、どんなことに気づきましたか」
「次にこの活動をするとしたら、どういうふうに取り組もうと思う？」
　そういう問いをすると、自分の認識を思い出して、言語化できます。それが、「認知プロセスの外化」です。
　何を知ったか、覚えたかではなく、自分が何を感じたか、何を考えたか、何を意図したかを考えることです。「メタ認知を高める」という言い方もありますね。
　こうした振り返りをするかしないかで、アクティブラーニング型授業の生徒の学びの質は大きく変わります。

> **ここがポイント！**
>
> 生徒にアクティブラーニングが起きているか？　自分の学びを振り返るためのリフレクションカードは必須。

5 アクティブラーニングは「キャリア教育」

▶ キャリア教育で育成したい能力が身につく授業

　アクティブラーニングを始めると、以前よりもずっと、授業での生徒の成長の手ごたえを感じることが増えます。
　私は、アクティブラーニング型授業はキャリア教育でもあると思います。正確には、「キャリア教育の機能を持っている授業」です。
　まず、わからないことを調べたり、友だちに聞いたりすること、理解するために動いたりすることは「課題解決能力」を育てます。
　わからない問題を、「どうするか？」と考えたとき、自分で調べる、隣の生徒に聞く、先生に質問するなど、いろいろな選択肢があります。
　自分の課題を、どう解決していくか、毎回の授業で自分で選択していくことで、放っておいても「課題解決能力」が身につくのです。
　友だちと話し合い、協力することで、友だちは自分とは異なる長所を持っていることに気づきます。「他者理解」が進むことで、「自己理解」も深まります。
　人間は、自分自身を直接見ることができないので、
「あの子はこれが理解できるけれど、自分はこれが理解できていない」
と、他者を媒介にして、自己理解が深まっていくのです。
「自分が理解できていないなら、どうすればいいか」
「どんな質問をすればいいか」
「早めに質問しよう」
と、自己管理力も磨かれます。

▶ 質問、説明することで「論理的思考力」も高まる

　また、チームで成果＝全員が100点を取るために、さまざまな工夫、協力をします。「人間関係形成・社会形成能力」が磨かれます。
　実際に、
「これまでだったら、友だちにならないタイプと友だちになれた」
「友だちが増えた」
というのは、生徒たちの振り返りによく見られます。
　問題の解き方を質問したり、説明したりすることで、「論理的思考力」が鍛えられます。図に書いて、新しい解き方を見つける作業は「創造力」につながります。
「自己理解が大事」と言っても、生徒たちは自己理解なんてしません。アクティブラーニング型授業で体験することで、キャリア教育で必要な能力も身につくのです。
　そして、この能力こそが、これからの社会を生きるために必要な力であることは間違いありません。**今後の教員の役割は、生徒に知識を伝達することがメインの仕事なのではなく、この生き抜くための力を育てることが大きな仕事となっていくのです。**

ここがポイント！

アクティブラーニング型授業で、
キャリア教育に必要な能力が自然に身につく。

アクティブラーニング型授業を受けた生徒たちの感想

　私の教え子の高校３年生たちに、下級生に向けて書いてもらった、アクティブラーニング型の物理授業への感想をご紹介しましょう。

- 小林先生の授業はまず始めと終わりの号令がありません。自分も最初はびっくりしたけれど、今はそれが当たり前です。でも、そんな授業の始め方でも授業が始まるとみんなちゃんと先生の話を聞くから先生の授業はすごいと思うんだよね。
　とりあえず先生の授業はめっちゃ工夫されてて、まずノートは使わない！！　先生がいつもプリント配ってくれるからノートは必要ないでしょ。物理室で授業するから、黒板なんか使わないし、パワーポイントを使って授業するから、先生が書き終わるのを待つなんていう無駄な時間がない！！　授業受けていると楽しいです。それに実験を授業に入れたりして、興味を引くような授業だから、難しいと思っていた物理の授業を好きになりました。小林先生の授業のおかげです。
　先生の授業を受けるときはとりあえずだまっていちゃダメ！！　説明を聞くときは静かにしていても、その後の問題を解くときは友だちと「この公式だよね」とか話し合いながら解いた方がいいです。それはお互いに確認できるし、間違えていたらそれを指摘してくれるから！！

- 小林先生の授業は理解するのがとても楽です。先生の説明２・３割、生徒同士のピアディスカッション４・５割、その日の授業内容の確認テスト１・２割という、他では見られない授業形式で、初めはなかなか慣れないけれど、わからないところがあっても授業中に聞きやすい雰囲気なので理

解度はかなり高くなる。

- 2年生の初め、「物理ってどんな感じなんだろう？」と期待と不安がありました。でも、先生の授業はとってもなじみやすく、説明もわかりやすく、すぐに楽しくなりました。もともと物理が好きで勉強してみたいと思っていて、今でもずっと「好きな教科」です。

- 他の授業との大きな違いは、先生がダラダラ～と説明する授業じゃない。考えたり生徒同士で話すことで、そこから新しい疑問が浮かび上がる。それについて色々と話し合いが出来る。

- パワーポイントを使った画期的な授業。パワーポイントを使うことで物理の公式を式として暗記するのではなく、イメージでとらえることができる。さらに説明の後の、問題演習（ピアディスカッション）では、説明で理解したことを自分の力に結びつけることが出来る。

- 質問しやすいです。最初の20分間くらいは説明で、あとはピアディスカッションで、最後に確認テストです。実験もちらほらやりますが、面倒くさくないので楽しめます。テンポが良くて集中できます。

- 小林先生の授業は特徴のある授業です。その特徴として2つの事があげられます。1つはパワーポイントを用いて授業を進行することです。一般的な授業とは違い板書することが少ないので、効率よく授業が進んでいきます。またパワーポイントの特徴として図が見やすいこともあげられます。2つ目は「ピアディスカッション」をすることです。ピアディスカッションとは授業の一部として物理の内容を友だちと話し合い、理解を深めるということです。友だちに教えたり、教わったりすることで、新たなことを発見することができます。

教員の試行錯誤こそが宝です

　私がアクティブラーニング型の授業に移行するまでには、さまざまな試行錯誤がありました。

　生徒に自分たちで考えて生徒同士で学び合う授業を提案したときには、生徒からは猛反対を受けました。

　「先生のパワーポイントの説明が好きなのに！」「説明されなくてわかるわけがない」「先生、俺たちには無理だよ」などとさんざん言われ、結局、「わかった。じゃあ、3回だけ試させてほしい。もしもそれでだめだったら、前と同じ授業に戻す」と約束して、3回のトライアル授業を行いました。

　3回のトライアルの結果、ある程度、今の授業の原型のようなかたちが見えてきました。そして、生徒も一応、アクティブラーニング型授業にOKを出してくれて、切り替えができました。

　次には、授業最初の15分の説明のためのパワーポイントのデータづくりに難航しました。最初の年は土日や長期休みにまとめてつくっていました。間に合わなくて板書や掲示でしのぐこともありました。でも、2年目になると前年度の蓄積でぐんと楽になりました。

　また、授業中に行う練習問題の難易度や問題数や配列も、カンタンすぎると生徒が遊び、多すぎると話し合いができず、難しいほうが逆に生徒が活性化するなど、やっていく中で適切な問題の選び方と並べ方が見えてきました。

　さらに、生徒を活性化させる方法も悩んだり試したりしながら、だんだんに定型化を目指しました。今ではほとんど「質問」だけで、生徒の活動を促し、成功するようになりました。

　どれだけ知識があっても、実践は個々の場面で試行錯誤しなくてはなりません。その試行錯誤が教員の主体性・創造性を高める源泉であると私は思っています。

はじめてアクティブラーニング型授業を導入するとき

講演会などで一番質問を受けるのが、「どうやって最初導入するといいかわからない」、「やってみたけれど、生徒がついてこられなかった」ということです。
そのため、この章では、とりわけ最初の導入時期の授業のやり方をじっくりお伝えしましょう。

最初の授業はワークショップ型で始めよう〜その1

▶ 1回目はワークショップ型授業「科学者になる」から※

　生徒たちは、ワンウェイ型授業に慣れているので、いきなりアクティブラーニング型授業にすると、戸惑うかもしれません。どういう立ち位置で自分が授業に参加すればいいのかわかりにくいからです。

　私もこの点をどうしたらいいかモヤモヤしていたころ、アメリカの作文教室のライティング・ワークショップに出合ったのです。

　この授業の目的は、「ライター（作家）になる」でした。「ライターは何をする？」という質問をもとに、参加者同士が話し合うことで、いろいろな気づきが生まれます。
「小説を書く」という意見から、だんだんと「メモも書くよ」、「手紙も」、「履歴書もある」……と、「書くもの」にどんなものがあるのか、視野も広がり、学ぶ力が身につくという手法でした。

　これに、大変刺激を受けました。

　生徒自身が自分の目標をもって、課題に自発的に向き合うようになるにはどうしたらいいか……。こうして考え続けて、生まれたのが、「科学者になる」という授業です。

　これまで、物理の授業の目標設定というと、「物理の法則を理解する」とか、「公式を使って現実的な問題を解けるようにする」といったものでした。

　しかし、私は、単に公式を覚えるのではなく、「なぜそうなるのか」「なぜその現象が起こるのか」を自らの課題として考えてほしかったのです。そして、「その問題を解決する方法を、授業の中でみんなが

習熟できること」を現実的な目標にすることにしました。

▶「科学者って、何をしているでしょうか?」

　初回の授業の1コマすべてを、この「科学者になる」という授業にあてます。これから授業のスタイルを変えることを、生徒たちに納得させるためです。

　授業の最初に、こう説明します。

「この授業の目的は、科学者になることです。科学者とは、職業人としての科学者ではなく、『科学的な見方ができる人』という意味です」

　まず、授業の目的を簡単に定義します。

「みんなの頭の中に漠然とある『科学者』って、何をしていますか? 模造紙に落書きしながら、具体的に書きましょう」

　模造紙をグループごとに配ります。

　教室を見て回ると、

「勉強」とか「実験」と書いてあるのが見つかります。

「勉強や実験は、いつどこで誰とやっているの?」

と、質問すると、生徒たちは具体的に考え始め、書き始めます。

※導入に1コマ使ったり2コマ使ったりしていました。本書では2コマのパターンを紹介しています。

ここがポイント!

アクティブラーニング型授業は、
ワークショップ型授業「○○になる」から始めよう。

第2章　はじめてアクティブラーニング型授業を導入するとき

2 ワークショップ型授業「科学者になる」〜その2

▶ 教員は指示せずサポートに徹する

　生徒たちの動きが止まったとき、教員が「ああしろ、こうしなさい」と言ってしまっては、授業テーマが「科学者になる」であっても、それは昔ながらの「教え込み授業」になってしまいます。

　教員からの命令調の介入があると、生徒は教員の顔色をうかがいながら、活動するだけです。

　4月最初のこの授業は、生徒たちに、
「みんなで自由におしゃべりしていい」
「わからないことは聞いていい」
「自由に話し合っていても、先生は叱らない、命令しない、大丈夫」
ということを体感する、安全・安心な場づくりでもあるのです。

　私は多くの場合、生徒たちに介入するとき、質問するようにしています。
「科学者は、わからないことがあったらどうしているのかな？」
　すると、生徒たちから、
「わからないことを調べている」
「ほかの科学者に聞く」
「入門者用の講義を聞く」
といった、具体的な意見が出てきます。

　もちろんこのころになると、生徒たちもおしゃべりをして、わいわいと盛り上がってきています。
「チームで研究している」

「世界中の人とインターネットでデータを共有して研究している」
と、広がっていきます。
　面白いのは、
「科学者って、けっこう他人とコミュニケーションしているよね」
「1人で、研究ばかりしているわけではないみたい」
という意見が、毎年、すんなり出てくることです。
　まさに、私が気づいてほしいことでもあります。

▶ 授業を変えるのは「チームで協力する行動を学ぶため」

　最後に、説明をします。
「そうなんです。1人で研究ばかりしている科学者、というのは映画の中だけのお話です。今、話し合いで出てきたように、『科学者になる』ということは、公式をたくさん覚えることではなく、他人としゃべったり、質問したり、チームで協力できることです。
　これまでのような、黙って授業を聞いてノートを取るだけでは、こうしたことは訓練できません。ですから、授業を大幅に変えます。みんなで話し合ったり、チームとして協力しながら問題を解いたりします」
　こう話していくと、生徒たちも、
「授業中にしゃべれるし、面白そうな授業だな」
と、のってきてくれます。

> **ここがポイント！**
>
> 「科学者になる」授業は授業を変えるきっかけであり、「安全・安心な場づくり」の最初の一歩でもある。

3 コンセンサスゲームを やってみよう!

▶「月の探査船のチームで遭難しました」

2回目の授業では、話し合いの学習効果を確認し、さらに納得させるために、「コンセンサスゲーム」を実施します。一般にもよく知られている「月世界で遭難(NASA)ゲーム」を使っています。

「みなさんは月の探査船のチームです。月面で探検していたら、探査船が故障して動かなくなってしまいました。100キロ離れた母船まで、歩いて帰らなくてはなりません。探査船の中に、使えるものが15品目あるので、どれを持っていくか優先順位をつけてください」

プリントを配布したら、間髪入れずに一気に読み上げます。

そして、
「これから3分間、友だちと話さないで、自分の結論を書いてください」
と言って、1から15まで、優先順位を書かせます。

このとき、ストップウォッチを持って生徒に見せながら、「よーい、どん!」という感じでやります。

この動作が、とても重要です。

時計を持っていないと、「どうせ時間にいい加減だろう」と思われますから、「きっちり3分計る」というデモンストレーションが必要です。

「残り2分、残り1分……」と、こまめにカウントしていったほうが、緊張感が高まっていいですね。

「あと1分、まだ終わってない人は急いでね。1分で決断しないと、

月面で死んじゃうから……」
と、半分冗談、半分本気でやらせます。

▶「一人も見逃さずきっちりやらせる」と態度で示す

　「何が何でもやらせる」というのがコツですね。その間、遅い生徒はチェックしておきます。3分たって終わってない生徒には手を挙げさせて、手が挙がらなければ先に進みます。挙がれば、
「あと何分で終わる？　1分？　30秒ね、じゃあみんなで待っているよ」
と言って待ちます。こういう言葉の駆け引きは大事です。
　多くの教員はこういうとき、
「だめじゃないか、さっき3分って言ったのに。早くやりなさい」
と言ってしまうんですね。でも、「待つ時間」の制限はしないのです。時間にルーズな授業になってしまいますね。
　批判や文句は言わず、「どのくらいでできる？」と単純な交渉をして、どれくらいでできるか聞いて、時間制限をすればいいのです。
　初回のスタート時の授業なので、「この先生は、やれといったことはみんなにきっちりやらせるんだ」という雰囲気づくりが必要です。「この先生、怖い」などと思わせなくてもよいのですが、一人も見逃さないし、遅れた生徒を叱ったりしないけれど、「必ず全員が終わるまでやらせる」「時間を守らせる先生」なのだと、教員が態度で示すことが大事です。

ここがポイント！

ストップウォッチを持って「きっちり時間を計る」というデモンストレーションが大切。

実際に使用しているコンセンサスゲームのプリント

「月からの脱出」 2年　組（　　）氏名

◎グループでよく話し合って、みんなが納得できる結論を出しましょう。

1　最初は個人作業です。次の文を読んで、「自分の結論」の欄に記入してください。

> あなたの乗った宇宙船が、月で不時着してしまいました。あなたは、200マイル（320キロ）離れた陽のあたっている月面上にある母船とランデブーする予定でした。しかし、荒っぽい着陸であなたの船は壊れ、船の設備もほとんど壊れてしまいました。
> 残されたものは15品だけです。あなたの船員の生死は母船に戻れるかどうかにかかっています。陽のあたっている月面上での200マイルの旅のために最も重要な品目を選ばなければなりません。あなたの仕事は、15の品目を生存するための重要度順にランクづけすることです。
> 以下、一番重要なものから順に順位をつけていってください。

2　次にグループでの順位を話し合って決めましょう。話し合いの前に同じグループの人の名前を確認しましょう。

最初にメンバーの結論を以下の表に書き出してから、話し合うと楽です。

	自分の結論						グループの結論
マッチ棒							
宇宙食							
50フィートのナイロンロープ							
パラシュートの絹布							
太陽熱利用の携帯用暖房							
45口径のピストル2挺							
粉末ミルク1ケース							
100ポンドの酸素タンク							
月面上用の星座図							
自動膨張の救命用ボート							
方位磁石							
水5ガロン（20リットル）							
照明弾							
注射器の入った救急箱							
太陽電池のFM受信送信機							

3．分析をします。
(1) 表の「自分の結論」と「グループの結論」を転記してください。
(2) 「解答解説プリント」を見て、「正解の順位」を記入してください。
(3) 表に沿って「A」と「B」を求めてください。
　　　絶対値の合計が小さいほど「正解に近い」ことになります。

	自分の結論	正解の順位	(正解順位－自分の順位)の絶対値	グループの結論	(正解順位－グループの順位)の絶対値
マッチ棒					
宇宙食					
50フィートのナイロンロープ					
パラシュートの絹布					
太陽熱利用の携帯用暖房					
45口径のピストル2挺					
粉末ミルク1ケース					
100ポンドの酸素タンク					
月面上用の星座図					
自動膨張の救命用ボート					
方位磁石					
水5ガロン（20リットル）					
照明弾					
注射器の入った救急箱					
太陽電池のFM受信送信機					
絶対値の合計			A		B

絶対値とは？
数値のプラス、マイナスの記号を省いたものです。たとえば、（＋5）の絶対値は5、（－3）の絶対値は3という具合です。
　「正解順位が3番」で「自分の順位が5番」なら、計算は（3－5）＝（－2）→絶対値は「2」となります。

自分の結論と正解の差は？（A）

グループの結論と正解の差は？（B）

AよりBのほうが小さいなら、話し合いによって「正解に近づいた」ことになります。それは「よい話し合いができた」と言ってもよいでしょう。それはなぜ起きたのでしょうか？　あなたは何をしていましたか？　チームにどう貢献できましたか？　これから話し合いをするときにどんな点に気をつけたいですか？

4．このワークの感想を記入して提出してください。

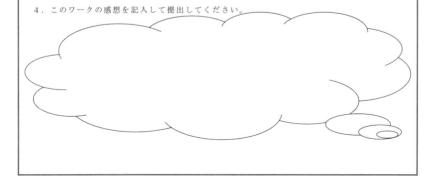

後から配る解答のプリント

解答

コンセンサスゲームでの順位(NASAの解答)は以下のとおりになっています。

1. 45kg 酸素タンク2個 （生存に必須）

2. 20Lの水 （生存に必須）

3. 月の星座用天体地図 （方向を定めるのに必須）

4. 宇宙食 （生存に必要）

5. 太陽電池 FM 送受信機 （連絡手段として有効）

6. ナイロン・ロープ 15m （安全確保、途中山岳・崖など）

7. 注射器入り救急箱 （宇宙服は注射可能、内服薬は有効）

8. パラシュート用絹布 （日除け、リュック。テント代わり、機材運搬）

9. 救命いかだ （ガスを発生する、動力源としての価値、機材運搬、ベッド）

10. シグナル用照明弾 （合図に使える）

11. 45口径ピストル （統制・指揮のため、精神異常対応、自殺）

12. 脱水ペットミルク1ケース （食料であるが、月面では飛散）

13. ポータブル暖房機 （あまり使えそうにない、宇宙服は外から暖房不要）

14. 磁気羅針盤 （磁気が異なるので使えない）

15. マッチ棒 （地球でしか使えない）

指導者のための補足資料

1　ルールの徹底（始める前に以下のような話をしてあげてください）

【コンセンサスゲームの目的】
　このゲームの目的はグループで話し合い、「コンセンサス（合意）」の効果を示すことにあります。というのも、自分で考えた解答とグループで話し合った後の、いわゆるグループ全員のコンセンサスを受けた解答では、正解との誤差が格段に違うのです。明らかにコンセンサスを受けた解答のほうが、誤差が小さくなります。

【コンセンサスゲームのルール】
　「設問」を読んで、個人で15の品物に優先順位をつけてください。理由も考えながら、15分間（適宜変更してください）で記入してください。ただし、設問を考えている間は他の人と話さないように気をつけてください。自分だけの答えを記入しますが、グループのメンバーに見せないようにしてください。
　次にグループ全員で話し合ってグループとしての順位をつけてみてください。グループとしての決定の方法には、"多数決"や個人決定の"平均値"を出してみる などの方法が考えられます。今日はグループのメンバー全員の合意（コンセンサス）で決定してください。これが、今日のシミュレーションの課題です。メンバー全員で自由に話し合って、"全員の合意"でグループとしての結論を出してください。「じゃんけん」と「多数決」は禁止です。
　コンセンサス（合意）によってグループの意思を決定するのは、なかなか大変です。でも次のようなことを心がけて、よい話し合いができるように頑張ってください。

【話し合いの心がけ】
　今、あなたが決めた順位は、あなた自身のものです。少しばかり自信がないと思うことがあっても、遠慮しないで自分の考えや気持ちを皆に伝えましょう。自分の意見を変えるときには、納得して変えましょう。安易な妥協は、グループ活動の成果を低いものにしてしまいます。
　とはいっても、ただ単に「アイツだけには負けたくない」的なやりとり（単なるけなし合いや足の引っ張り合い）は避けましょう。相手の意見を十分聞いて、自分なりに納得して、自説を変える快感も味わってください。場合によると、話し合いの過程で、沈黙するとか言い合いするという場面も出てくるかもしれません。そんなときには小さな勇気を奮い起こして、その状況にチャレンジしてください。そういう状態を打開するために！

2【まとめ】適宜話してあげてください
　コンセンサスゲームのまとめとして、
①正しい主張は最後まで通す。
②情報交換は100％、主張60％にして、人の意見を聞く。
③あまり早く意見をまとめるのは危険。
　「待てよ」と考えることも必要。
　多数決は、しばしば失敗する。
④明確な目的を持つ集団は、持たない集団よりもパフォーマンスが高く、集団目標が過去の実績よりも若干高いレベルに設定されたときにメンバーは目標達成に対してもっとも強く動機づけられる。
⑤効果的なコミュニケーションが必要。
⑥適切なリーダーシップが必要。

4 テンポよく進めるのが ゲーム成功の秘訣!

▶ ゲームも授業もテンポよく進めるのがカギ!

　コンセンサスゲームに限らないのですが、**アクティブラーニングで成果を挙げるには、生徒の活動時間をきちんと確保し、なおかつ、生徒自身に時間の見通しを持たせて、時間に責任を負う態度を身につけさせることがカギになります。**

　ですから、授業の無駄は極限まで排除します。たとえば、授業の最初のプリントやワークシートを、生徒が5人、6人の班なら、人数に合わせて事前に分けておけば、10秒程度で配れます。

　これをしておくことが、とりわけこのコンセンサスゲームではとても大事です。いちいちグループの人数を確かめてからプリントを数えて配っていては、最後のグループに配り終わったころには、最初のグループの生徒たちは、ワークシートの内容を読み終わっています。おしゃべりを始めてしまうかもしれません。これではゲームの公平性が保てません。

　とくにコンセンサスゲームは、スピードとクラス全体のテンポがポイントになるので、もたもた配って、もたもた説明すると、失敗してしまいます。生徒の集中力が持たなくなってしまうんですね。

　だから、一気に配って、おしゃべりする暇もないまま、一気に説明に入るのです。

　ときには、みんなが3分間で記入している間に、おしゃべりしようとする生徒もいます。そういうときも、叱らず怒らず、
　「ここは1人でやるよ」

と言えば、自分で取り組み始めます。

▶「時間厳守」がそのあとのゲーム展開に活きる

　私は、授業開始前から「時間厳守」の仕掛けをしています。チャイムが鳴る前に教室に行って、
「適当に座っていてね」
と言いながら、
「授業開始まであと5分」
「あと3分」
「あと1分でチャイムが鳴ります」
と、カウントダウンします。
「この先生、ずいぶん時間に細かいな」という雰囲気を、なんとなく出しておくのです。
　タイマーで、「開始まであと○分○秒」と見せておく、という手もあります。こうして視覚化すると、生徒も時間どおりに動きます。
　こうした「時間厳守」の雰囲気をつくっておくと、その後のゲーム展開に効果が出てきます。

> **ここがポイント！**
>
> 「プリント配布の時間」を見直して、
> 生徒たちの「学びの時間」を確保しよう。

5 グループで話し合って優先順位を決める

▶話し合いの「ルール説明」は1度だけ

　3分間の「自分の結論」が全員書けたら、次の手順を説明します。「今度は、グループごとに話し合って、1から15まで決めてね。でも、これはコンセンサスゲーム、つまり合意形成のゲームなので、話し合いにはルールがあります」

1　じゃんけんして決めてはいけない
2　多数決もいけない
3　詳しい人が1人か2人いてもその人が仕切ってはいけない
4　1人でも黙っている人をほうっておいてはいけない
5　必ず、グループのみんなが、話し合いで決めた順番を納得した上で、1から15まで決めなくてはいけない

　この説明は、丁寧に、確実に伝わるように話します。
　でも、説明は繰り返しません。1度きりです。
　よく、「説明は繰り返すと生徒に伝わる」と多くの教員たちから聞きますが、私は違うと思っています。
　繰り返すと、「また言ってくれるだろう」と思ってしまうんですね。常に1度しか言わなければ「1回で聞き取ろう」という姿勢が生まれます。
　説明をしたら、15分間の自由に話し合う時間に入ります。
　私は教室を回ってグループの様子を見ながら、「質問で介入」する声かけをします。

▶ グループをチェックしながら時間を意識させる声かけを

　だいたい5分過ぎたところで、
「残り時間10分だけど、どれくらい決まった？」
「3つ決まった、あと12個」
「じゃあ、あと10分でできるね」
　こうした声かけを続けると、生徒たちも時間を意識するようになります。
　ここでも、あと5分、あと3分とカウントダウンしていきます。
　グループワークで一番よくないのは、次の段階に入るとき、
「私たちのグループは前の段階が終わっていませんでした」
という状況が生まれることです。
　そういうことがないように、教員が教室を回りながら、記入しているかどうか、丁寧にチェックすることが重要です。
　終わっていないグループは手を挙げて、と繰り返し手を挙げさせることもあります。ただし、言い方に要注意です。
「まだ終わってないところ、手を挙げろ！」
という感じで言うと、手を挙げにくくなってしまいます。
　冷静に、「手を挙げてね」という言い方につとめましょう。

ここがポイント！

説明はあえて繰り返さない。
「1回で聞き取ろう」という姿勢が生まれる。

6 ゲームの解答を配って採点する

▶ 月で磁石は使えない!?　解答を見てざわめく生徒たち

　記入が終わったら「NASAの専門家がつくったといわれる解答」を渡します。優先順位の正解と、「なぜ15番が使えないのか」「なぜ3番、4番が使えるのか」といった理由が書いてあります。
「それを見て話し合ってね」
と言うと、2～3分、「えーっ！」と教室はざわめきます。
　優先順位の説明には、生徒たちの意表をついたものがたくさん載っています。
　よく聞かれるのが、
「月では磁石が使えない、方角がわからないなんて、知らなかった」
という声です。多くの生徒が間違えます。
「粉ミルクの缶の中はほぼ真空状態なので、ふたを開けるといきなりわっと飛び散ってしまって使えないので、優先順位が低い」
という説明も、生徒たちを驚かせます。
　次に採点をします。
「プリントの裏が採点表になっているので、①（自分で出した結論）と、②（グループで出した結論）の点数を出してね」
　計算の仕方に「絶対値」という言葉が出てきます。
「絶対値という言葉がわからない人には、わかる人は教えてあげてね」
　わからない言葉が出てくるというのは、よいことなのです。生徒たちが話し合って、教え合う行動が自然に生まれます。

▶個人の結論とグループの結論、正解に近いのは……?

　採点のための説明をします。「絶対値」という言葉の意味がわかっても、それが何を意味しているか、理解できないといけないからです。
「絶対値とは、正解からの距離です。たとえば『水』の正解が2位で、自分の答えが3位なら、距離は1。正解は6位だけど、1位と書いてあったら距離は5です。それを、1位から15位まで足し算して採点します。全部正解すれば、距離はゼロになります。数値の近いほうが、正解に近いということになります」
　みんながそれぞれ自分の結論と、グループの結論の採点をします。そしていよいよ、このゲームで一番重要なクライマックスです!
「では、個人の結論より、チームの結論のほうが正解に近づいた人、手を挙げてね」
　クラスがざわついていては、成功しません。
「ちゃんと聞いていてね。じゃあいくよー!」
と慎重に、遊ぶ暇もなく、集中力が切れないようにしながら、全員で一斉に手を挙げさせます。このときのためにも、時間のコントロールが重要なのです。

> **ここがポイント!**
>
> 授業前の時間のコントロールも、
> すべては採点後のクライマックスのため!

7 コンセンサスゲームで学べること

▶ 自分の結論よりチームの結論のほうが正解に近い

「自分の結論より、チームの結論のほうが正解に近かった人、手を挙げてー」と全員でサッと挙手させると、ほとんどの生徒たちが手を挙げるので、
「うわあ、すごい！」
「なんでー？」
と、クラス中がびっくりします。
　そこで、私が説明します。
「1人でウンウンうなって考えるよりも、みんなでワイワイ話し合ったほうが、正解に近づくのです。物理の理解も深まることが、こうしたワークをやることでわかります」
　生徒たちは、
「なるほど！　そうなんだ！」
と、感動します。だから、一斉に手を挙げさせるように、タイミングを見計らうのです。バラバラと手を挙げたら、この感動がうすれてしまいます。
「だから、これからの授業はこういう形で、みんなでたくさん話し合いをします。科学者になるためのトレーニングをしながら、ついでに物理もちゃんとわかる授業をします」
「ついでに物理がわかる」というフレーズが、とても生徒たちに受けました。
　当時は「小林先生の授業は『ついでに物理がわかる授業』だ」と、

先輩から後輩へ、語り継がれていたようです。

▶「チームの点のほうが低かった生徒たち」への対処法

　実は、毎回必ず「チームの点のほうが低かった生徒たち」が、クラスの１～２割くらいはいます。

　彼らをフォローしなくてはいけません。「なんだ、つまんないな」で終わってしまう可能性があるからです。

　チームの点のほうが下がる原因は、二つあります。

　一つは、自分がよいアイデア、正解に近いアイデアを持っていたけれど、みんなに言わなかった、恥ずかしくて言えなかったというものです。

　「これからの話し合いの方法として、よくないですね。これからはなるべくチームに伝えましょう。自分が思ったことは、なるべくチームの場に出しましょう。それがチームに貢献できるということです」

　よいアイデアは独り占めしないこと、自分の意見に自信がなくても、チームに言ってみることが大切だよ、とよく話しています。

ここがポイント！

一斉に挙手することで、クラス中を感動させる。
手を挙げられなかった生徒たちへのフォローも重要。

8 「スルーしてしまった意見」こそ価値がある

▶ 世紀の大発見も「バカげた意見」から生まれる

　コンセンサスゲームで、自分の点数よりチームの点数のほうが低くなってしまった**もう一つの原因は、誰かがよいアイデアを話したのに、みんながそれを忘れてしまったか、無視したか、「それは関係ないよね」と、あっさりスルーしてしまったからです。**

　そのために、せっかくのアイデアがチームに共有されなかったので、点数は上がらなかったのです。

　これは、「よいアイデアを持っていたのに言わなかった、言えなかった」よりも、重要な問題です。丁寧な説明が必要です。

　ノーベル賞を受賞するような大発明、大発見は、たいてい「バカげた意見」や「実験の失敗」からスタートしています。

　一見、バカげた意見だとか、そんなことはあり得ないと思える意見でも、よく考えると「もしかしたら、そうかもしれない」ということが起こるのが、科学的な話し合いだよ、と、全員に向かって話します。

「だから、最初は違和感のある意見、とんでもなく思える意見でも、きちんと拾ってみんなで吟味しましょう」
と言っています。

　こうしてフォローをすると、点数が下がってしまった生徒も、
「こういう理由で点数が下がったんだ」
と理解、納得ができます。

　そして、「今度は、意見を言ってみよう」「人の言うことをきちんと聞こう」と、前向きな気持ちになれます。

▶ 人間関係づくり、安全・安心の場づくりの授業でもある

「月で遭難」のほかに、「砂漠で遭難」というコンセンサスゲームもあります。私は、３年生の４月の最初の授業でやっていました。「安全・安心な場をつくる」という最初の「手続き」でもあります。

ですから、教員である私も話し方や態度に気をつけます。

「大声を出さない」「穏やかに話す」「乱暴な話し方をしない」などなど、大人同士なら当たり前のことなのですが、生徒が相手となると大声で乱暴な話し方をする人が、時折見られます。

私は、大人と接するときと同じように、生徒たちとも接しています。日によって、機嫌がよかったり、悪かったりもしないようにしています。

「いつもの先生がいつもどおりのテンポで授業が進むこと」自体が、安全・安心の場づくりの大切な要素の一つです。

> **ここがポイント！**
>
> 「バカげた意見」をスルーしないで丁寧に拾うことこそ「科学的な話し合い」の極意。

リフレクションカード

　コンセンサスゲームでも、通常授業でも、生徒に自分がその授業で学んだことを振り返らせるのがとても大事なことです。そのため、私はコンセンサスゲームの後は必ず下記のようなリフレクションカードを書いてもらっています。通常授業での振り返りは、授業を重ねていく中での連続性が見えるようにするため、これとはまた別のかたちのものを用意しています（p.114,115で紹介）。リフレクションカードでよい書き込みがあればコピーをして、それを次の授業で全員に配るなど、活用方法はいろいろあると思います。

年（　　）組（　　）番　名前（　　　　　　　　　　）

《リフレクションカードの書き方》
この授業でどんなことを感じましたか？新たに気づいたことや、やろうと思ったことはありませんでしたか？自由に書いてください。

2015/08/30（日）
1　態度目標に沿って「しゃべる、質問する、説明する、動く、チームで協力する、チームに貢献する」はできましたか？　その活動で「感じたこと」や「気づいたこと」は何ですか？

_____
_____
_____

2　内容目標は理解できましたか？これから授業にどんな風に臨もうと思いますか？

_____
_____
_____

3　この時間の感想、質問、要望、その他何でも書いてください。ウラも可です。

_____
_____
_____

第3章 アクティブラーニング型授業のための授業準備

パワーポイントはすべて「教科書」から！慣れれば準備は15分

▶ 使う資料も内容もすべて「教科書どおり」に

　研修会やセミナーの質問などで、
「パワーポイントは便利だけど、教材スライドをつくるのが大変そう……」
という声をよく聴きます。
　しかし、「すべては教科書から」というポイントを押さえれば、それほど難しくありません。
　私はまず、教科書のページをpdfデータに変換しスナップショットという機能を使って図や写真を、パワーポイントのスライドにどんどん貼り付けていきます。1つのスライドにつき図、写真が2〜4つが目安です。
　内容の区切りのよいところで、1枚のスライドをつくり、だいたい、8〜16枚のスライドで、その日の授業内容をまとめます。
　ページごとに入れる図や写真が決まったら、大きさなど微調整した後、「吹き出し」を挿入して、教科書の要約の説明を入れます。これで、できあがりです。
　教科書にある図や写真だけを、教科書に掲載されている流れで並べて使い、教科書の内容の要約を入れるだけ、という資料づくりの手法には、いくつかのメリットがあります。

▶ 詳しく丁寧に書いてある教科書は「後で読むもの」

　一つは、教科書に載っている図や写真でよいのですから、教員の手

間が省けます。テキストも、教科書の内容を、ページの流れどおりに要約するだけなので、教員なら誰でもできることです。

　できるだけ、簡潔な説明にすることが大事です。

　生徒たちにも、メリットがあります。

　教科書を開くと、同じ図や写真があり、パワーポイント資料より詳しい説明が載っています。教科書のよいところであり、欠点でもあるのは、「説明が丁寧で長すぎる」ことです。

　つまり、教科書は後で読めばよいのです。生徒たちが授業中に教科書で調べようと思えば、すぐにページを見つけることができます。

　アニメーションは基本的に入れません。背景や図形の形などもパターン化して、変えません。不必要な部分で凝る必要はないのです。

▶ 慣れれば15分で課題がつくれる！

　私は旧課程の2、3年生の全授業のパワーポイント資料を完成させるのに、約2年かかりました。しかし、完成後は実に簡単です。前年のデータを見て、必要な修正をするだけですから、**早い時はデータの修正は15分、印刷も含めて1コマ分の準備は30分くらいで終わっていました。**

> **ここがポイント！**
>
> パワーポイント資料の素材は「教科書」に載っているものだけでOK！　教員の手間も省けて、生徒たちの理解も深まる。

第3章　アクティブラーニング型授業のための授業準備

2 資料の数は限定。説明は必ず練習を!

▶ 設定時間内に説明できるように教員も練習を

1コマ65分の授業で、
・説明15分
・演習問題35分
・確認テストとリフレクションカード記入で15分

としたのは、いろいろな試行錯誤の結果であり、けっこう苦労したところでもあります。

まず、最初の説明の15分。
「どのくらいの時間なら生徒たちが飽きないか?」
と考えていました。最初は、「居眠り防止」が目的だったからです。

そのため、1コマの内容を15分で説明できるように、練習を重ねました。ぜひ、この練習はやってほしいと思います。演習の時間を確保するためにも、きっちり15分で終わらなければならないからです。

結婚式のスピーチを頼まれたら練習をするように、教員も時間内に説明が終わるように、時計を見ながら練習するといいと思うのです。

2〜20回もやれば、身につきます。

どうも教員は、時間をマネジメントする意識が薄いように思います。

私も昔は、「時間が来たから、今日はこれまで〜」というタイプの教員だったのですが……。

しかし今は、教員には時間を徹底的にマネジメントする意識が必要だと考えています。

▶資料づくりも「できるまでやる」から「1時間でやる」へ

　授業での時間厳守はもちろんですが、資料や教材づくりも、まず「時間」を設定しましょう。

　パワーポイント資料づくりも、最初は時間がかかりますが、ある程度慣れてきたら「できるまで作業しよう」ではなく、「1時間でつくろう。それには、どうしたらいいか」という発想で取り組むといいですね。

　最初は「2時間以上かけるのはやめよう」でもいいと思います。まじめな教員ほど、完成させるまでやろうとするので、夜中までかかってしまうのです。

　ポイントさえ押さえておけばよいのです。

　資料は時間内で終わる程度で、あっさりつくりましょう。

　私の場合、パワーポイントのスライドは最大で16枚と決めています。B4の紙1枚につき、表、裏に4枚ずつスライドを入れて、計2枚のプリントにします。

　「資料をまとめると何枚になるか」ではなく、「16枚に収めるにはどうしたらいいか」と計画してからつくると、作業効率も上がります。

ここがポイント！

「時間が来たからこれまで」「完成のために夜中まで」から、「時間内に終える」という意識で作業＆練習を。

ある1時間の授業のプリント例①（B4・1.5枚分（両面印刷））

「科学者になる」ために「科学的対話力」
を高めるための時間です。

席は自由です。
できるだけ色々な人と
話せるようにしましょう。

プリントをとって、
教科書・筆記具を用意して、
各テーブルごとに
リラックスできるような雰囲気を
作っておいてください。

チャイム終了と同時に
解説を始めます。

この時間の目標

1.【態度目標】しゃべる、質問する、説明する、動く、
　チームで協力する、チームに貢献する

2.【内容目標】理解すること
　(1)〈用語を理解する〉
　　　熱、熱量、熱平衡、熱容量、比熱
　　　熱量の保存

　(2)〈イメージを描く〉
　　　①熱（量）が移動して温度が変わることを
　　　　イメージできるようにする。

> アインシュタインはノーベル賞をとったと思いますか？

> では、アインシュタインは何の研究でノーベル賞をとったと思いますか？

Albert Einstein ; (14 March 1879 – 18 April 1955) was a theoretical physicist, philosopher and author who is widely regarded as one of the most influential and best known scientists and intellectuals of all time.
 A German-Swiss Nobel laureate, he is often regarded as the father of modern physics. He received the 1921 Nobel Prize in Physics <u>"for his services to Theoretical Physics, and especially for his discovery of the law of the photoelectric effect"</u>

> 彼の理論物理学への貢献、特に、光電効果の法則の発見に対して‥(ノーベル物理学賞を受賞した)

From Wikipedia, the free encyclopedia

> そのアインシュタインの業績の1つにブラウン運動があります。

花粉を水につける。
↓
花粉が水を吸って膨張する。
↓
破裂する。
↓
中に入っていた微粒子が水の中に散乱する。
↓
この微粒子が「いつまでも」「不規則に」動き続けます。
↓
この理由を当時の科学者たちは説明できませんでした。

> アインシュタインはその理由を「水分子が微粒子に衝突する」と説明しました。
> ↓
> その分子の運動こそ「熱の正体」だと言ったのです。

1

第4章 熱とエネルギー　1 熱と温度　A 温度

1. 「熱」の正体は、分子・原子の熱運動。

2. 「温度が高い」
   ↓
   分子・原子の熱運動が激しい

3. ブラウン運動
   「Robert Brown が花粉から出た微粒子が水中で動き続けるのを発見した」
   ↓
   その原因が原子の熱運動だと見抜いたのはEinstein(彼はこの研究を含む業績でノーベル賞を受賞した。
   相対性理論で受賞していない！)

温度が高い → 熱運動が活発
温度が低い → 熱運動がにぶい
絶対零度 → 熱運動をしていない

❶図1　温度と熱運動

2

出典：「図1温度と熱運動」『物理基礎』(数研出版、平成24年発行) p.113より。

温度目盛りと絶対温度

1. 温度　分子・原子の熱運動の激しさを表す物理量。
2. 主な温度計は3つ。
   - セルシウス温度(セ氏温度)℃　・絶対温度K
   - (カ氏温度)℉
   - 大事なのは絶対温度
     - [K](ケルビン)

絶対温度　セ氏温度
$$T = t + 273$$

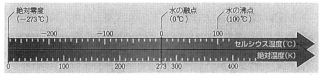

○図2　セルシウス温度と絶対温度

B 熱量

1. 熱〜温度変化の原因となるエネルギー
   - その熱の量が熱量
   - [J](ジュール)で量る。

   昔はcal(カロリー)で量っていた。
   1[cal]=4.2[J]

2. 熱平衡〜熱の移動がなくなった状態

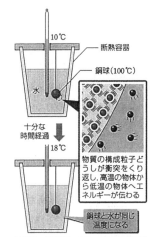

○図3　熱平衡　100g, 100℃の銅球と100g, 10℃の水が熱平衡に達すると、温度は約18℃になる(外部や容器に熱が移動しないと仮定した場合)。

出典:「図2セルシウス温度と絶対温度」「図3熱平衡」『物理基礎』(数研出版、平成24年発行) p.113、114より。

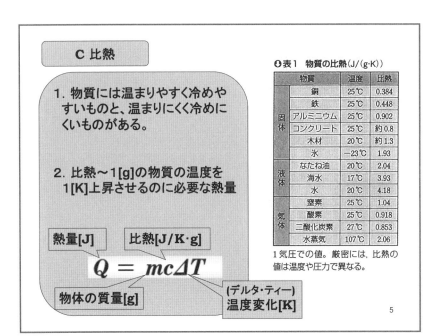

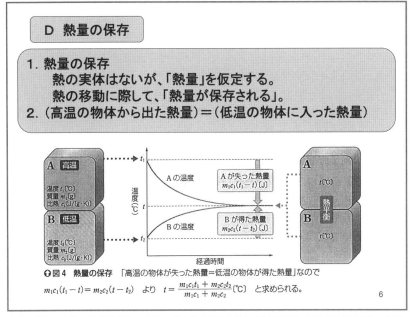

出典:「表1 物質の比熱」「図4 熱量の保存」『物理基礎』(数研出版、平成24年発行) p.115、116より。

さて、練習問題をやりましょう。
最後に確認テストをやります。
目標は「100点」です。
以下のことに気をつけて勉強しましょう。

1. 勉強スタイルは自由です。
 （おしゃべりしましょう、動きましょう）
2. わからないことは友だちに聞きましょう。
 （先生に聞いても良いです）
3. わかった人は積極的に教えましょう。
 （教えるのが一番の勉強法です）

7

チェックリスト　できましたか？

1. 【態度目標】□しゃべる、□質問する、□説明する、
 　□動く、□チームで協力する、□チームに貢献する

2. 【内容目標】理解すること
 (1)〈用語を理解する〉
 　□熱、□熱量、□熱平衡、□熱容量、□比熱
 　□熱量の保存

 (2)〈イメージを描く〉
 　□熱(量)が移動して温度が変わることを
 　　イメージできるようにする。

3 演習問題の選び方＆並べ方〜ついでに解答解説プリントも

▶ 簡単な問題プラス難問も入れよう

やさしい問題ばかりだと、みんなが早々に解いてしまいます。

難しい問題ばかりにすると、生徒が時間内に解くのに一生懸命になりすぎて、話し合わなくなってしまいます。

標準的な問題を出すと、成績上位の生徒はすぐに解いてしまって、暇になります。成績下位の生徒は、解くのにけっこうしんどいのですね。成績上位の生徒に教えてあげてと言っても、たまに教えるならいいけれど、毎回教える役ではつまらなくなってしまうのです。

問題のバランスをどうしたらいいか、とても悩みました。

そこで、成績上位の生徒たちでも一生懸命やらないと解けないような、かなり難しい問題を入れてみました。すると！ 成績中位の生徒たちも、一生懸命になるのがわかりました。

そこで次のように問題を選択して並べました。

①最初の問題は一番できない生徒をイメージして、すらすら解けるか、ちょっと解答を見るか友だちに聞けばわかる問題。
②2番以降は徐々に難しくする。
③4番は一番できる生徒をイメージして、その生徒でも簡単には解けない問題。

解答解説のプリントも用意しています。わからなければ、それを読んでOKとしました。

▶ わからない生徒は「はしご」もOK！

　簡単な問題はみんなが解けるレベルです。最初はやさしい問題、後に行くほど難しい問題にしました。

　通常、教員は授業中に使う教材に、解答をつけないのがふつうです。「問題だけ渡して、考えさせる」と教員は言いますが、わからない問題は何分考えてもわかりません。生徒を苦しめているだけです。

　解答解説を読めば、「なぜそうなるのか？」と考え始めます。数式が並んでいれば、なぜこの数式なのか実際にやってみよう、となります。

　難しい問題を理解するための学びの道具として、解答解説を使おうと考えました。「答え合わせ」ではなく、理解のための「はしご」です。

　読んでわかる生徒もいます。わからない生徒には、友だちが教えます。

　かなり難しい問題なので、解けた生徒も、人に教えることで理解が深まります。

　実際に、「人に教えることで、よりわかるようになった」という声は、リフレクションカードにたくさん書かれています。

ここがポイント！

演習問題はやさしい問題から難しい問題へ。
解答解説プリントを理解のための「はしご」として用意。

実際の練習問題のプリント例①（B4・1枚分）

物理Ⅰ練習問題（熱と温度）

1　15℃は何Kか。また，300Kは何℃か。

2　比熱0.39J/(g・K)の銅20gの温度を，20℃から70℃まで上げるのに必要な熱量Q〔J〕を求めよ。

3　温まりにくい物質，温まりやすい物質，冷めにくい物質，冷めやすい物質。これらの中で，比熱の大きな物質はどれか。

出典：本書p.60-63の問題 1 3 5 は『改訂版　物理Ⅰ』（数研出版、平成19年版）p.100-103より。2 は『改訂版　リード$α$物理Ⅰ』（数研出版、平成18年発行）p.54、解答編p.5より。4 は『改訂版　トライアル物理Ⅰ』（数研出版、平成18年発行）p.46、解答編p.2より。

2年(　)組　(　　)番　名前(　　　　　　　　　　　　　　)

4　90℃の湯100gと10℃の水300gとを混ぜると何℃になるか。

5　(チャレンジ問題) 100℃に熱した200gの鉄製の容器に10℃の水50gを入れた。熱平衡になったときの温度t〔℃〕を求めよ。ただし，熱は容器と水の間だけで移動し，鉄の比熱を0.45J/(g・K)，水の比熱を4.2J/(g・K)とする。

実際の練習問題の解答解説例①(B4・1枚分)

物理 I 練習問題(熱と温度)解答解説

① [解答] 288K,27℃
[解説]
$T = t + 273 = 15 + 273 = \mathbf{288(K)}$
$t = T - 273 = 300 - 273 = \mathbf{27(℃)}$

② [解答] 3.9×10^2 J
[解説]
$Q = mc\Delta T$ より $\quad 20 \times 0.39 \times (70 - 20) = \mathbf{3.9 \times 10^2 \, (J)}$

③ [解答] 温まりにくい物質,冷めにくい物質
[解説]
　　物質の比熱 c は $Q = mc\Delta T$ より $c = \dfrac{Q}{m\Delta T}$ で表される。したがって,同じ質量 m の物質に同じ熱量 Q を加えたとき,温度変化 ΔT の小さな**温まりにくい物質**ほど比熱が大きい。同様に,同じ熱量 Q を奪ったとき,温度変化 ΔT の小さな**冷めにくい物質**ほど比熱が大きい。
　　具体的には鉄・アルミニウムなどの金属は比熱が小さい,つまり「熱しやすく,冷めやすい」。これらを鍋やフライパンに使うのはコンロの炎の熱を素早く料理の材料に伝えるためである。
　　逆に,紙,木材,プラスチックなどは比熱が大きい。つまり「熱しにくく,冷めにくい」。鍋やフライパンの取っ手に木材やプラスチックが使われているのは熱を伝えにくくして,手で持てるようにするためである。
　　なお,自然に存在する物質の中では「水」の比熱がもっとも大きい。地球はこの水で表面の70%を覆われているために,「熱しにくく,冷めにくく」,気温の変動が小さくなったことが生命誕生の大きな要因だと言われている。

2年(　)組　(　)番　名前(　　　　　　　　　　　　　　)

4　[解答]　30℃
[解説]
混ぜた後の温度をt[℃]とすると
$m_A c_A \Delta T_A = m_B c_B \Delta T_B$,　$c_A = c_B = c$ より
　(m；質量，c；比熱，ΔT；温度変化)
　$100c(90 - t) = 300c(t - 10)$
よって　$90 - t = 3(t - 10)$
ゆえに　$t = 30$[℃]

5　[解答]　37℃
[解説]
鉄製の容器が失った熱量は　$200 \times 0.45 \times (100 - t)$　……①
水が得た熱量は　$50 \times 4.2 \times (t - 10)$　……②
①＝②より　$9000 - 90t = 210t - 2100$
ゆえに　$t = \dfrac{9000 + 2100}{210 + 90} = 37$[℃]

こちらは確認テストです。確認テストの意味とつくり方はp.104を参照してください。ここでは、授業用プリント、練習問題との連動

実際の確認テスト例①（B4・1枚分）

物理Ⅰ確認テスト（熱と温度）

1　15℃は何Kか。また300Kは何℃か。

出典：p.60参照。

からどのような確認テストをつくっているかの実例として紹介します。

2年(　)組　(　)番　名前(　　　　　　　　　　　　　)

2　90℃の湯100gと10℃の水300gとを混ぜると何℃になるか。

◎「科学的対話力」を意識して話し合えましたか？
(1) プリント最後のチェックリストの各項目を読んでチェックしましょう。
(2) そのうえで、リフレクションカードに以下のことを書いてください。
　A「態度目標（質問する、チームで協力するなど）は守れましたか？」
　B「内容目標（理解すべき内容のこと）の中でわかったこと・わからなかったこと」
　C「その他の感想、要望、意見など」

資料づくりだけじゃない！体調管理も大事な授業準備

▶ 教科書会社のデータベースソフトをスマートに活用

　1回の授業で、演習問題4題と、確認テスト2題を用意するので、大量の問題が必要になります。

　確認テストは、2題は演習でやった問題にしますが、それでも週に3回授業がありますから、けっこうな量の問題を用意しなくてはなりません。

　最初は、問題集などの紙ベースで集めていましたが、だんだんと、出題の傾向が固まってきたころから、もう少しスマートに簡単につくれないものかと考え始めました。

　そこで、いろいろな会社の問題集データベースソフトを調べ始めました。

　すると、ある教科書会社のデータベースソフトが見つかりました。

　それなら、教科書もその会社のものにすればいい、ということで、切り替えました。

　私の授業の演習問題を見た高校物理の教員なら、どの教科書のデータベースの問題なのか、すぐにわかりますよ。

　そして、驚きます。
「小林先生、毎回これを活用して、授業の資料をつくっていたんですか？」
「こういう使い方もあったんですね。思いつきませんでした」
と。**通常は、定期テストのときに使う問題のデータベースなのです。**

　授業で使う人は、ほとんどいないのが現状でしょう。

▶準備で夜更かしするよりもベストな体調で当日を迎えよう

多くの教員たちはまじめで熱心です。

だからこそ伝えたいのは、準備で夜更かしして当日寝不足になるより、当日万全の体調と精神状態でのぞんでほしいということです。

夜遅くまで資料を読んだりつくったり、とても時間をかけています。でも、そのために当日寝不足でコンディションが悪くなってしまったら、本末転倒です。

本番で、生徒たちに対応しているときの「自分の心と身体」が一番大事だと思っています。

どうやって15分で説明するか、生徒たちを見ながら適切な対応をしていくか、ということですね。予想外の生徒の反応があるかもしれませんから、そういうときにどう対応するかという心構えも必要です。

これらはすべて、心と身体が十分な状態であればこそできることです。

体調が少し悪いと、ちょっとしたことでイライラしたり、しかめっ面したりすることがあるでしょう？

いつもどおりではない教員の微妙な変化を、生徒たちは敏感にとらえます。安全・安心の場を壊すきっかけにもなります。

> **ここがポイント！**
>
> 大量に必要な問題は教科書会社のデータベースソフトを活用。「万全の精神状態と体調管理」が一番の授業準備。

第3章　アクティブラーニング型授業のための授業準備

5 失敗したとき用の代替案を用意しておこう

▶「今日の授業、失敗」と思ったら無理強いしない

　原因はいろいろだと思うのですが、教員が考えていたように生徒たちが動かないということがあります。
　たとえば、
「話し合ってください」
と言っても、話し合いが始まらないのです。
「なぜだろう？　困ったな」
と思って生徒に聞いてみると、
「問題が多すぎてできません」
という答えが返ってきました。
　こういうとき、「とにかく話し合いをしろ！」と無理強いをすると、生徒たちは嫌がります。
　でも、教員たちは無理強いしてしまいがちなのですね。
「自分が一生懸命考えたプログラムだから、どうしてもやらせたい」
という思いもあるでしょう。
　そもそも、生徒たちが気持ちよく授業を受けて、成績も上がるプログラムを考えてきたのに、生徒が思いどおりにならないと、
「なんとしても、生徒たちを動かさなければ」
と思ってしまうのですね。
　用意していた授業が失敗したら、一度、その授業を中断すればいいと私は思っています。
　中断したら、残りの時間、何をしたらいいかわからなくなってしま

うことがないように、失敗したときのための用意をしておくといいでしょう。

▶ 失敗したとき用のプリントを1年間持ち続けた

　失敗だな、と思ったら、
「やめよう。今日、先生が失敗しちゃったよ。立て直すね」
と言って、
「今日は、このプリントをやろう」
と、授業を切り替えるといいですね。
　どんなによいプログラムでも、うまくいかないときはあると考えておくことは大事です。
　私は、失敗したとき用のプリントを、1年くらいいつも持っていましたよ。生徒が嫌な気分になりそうな時間は、なるべく短くして解消したほうがよいと思います。
　無理強いすると、教員と生徒の関係はギクシャクします。
「この先生は、生徒に無理強いする人だ」
と思われたら、教員の顔色を見ながら動くようになってしまいます。そういう状態での学習は、主体的な学びではないと考えています。

ここがポイント！

失敗したと思ったら用意しておいた代案に切り替えよう。押しとおすと生徒は教員の顔色をうかがい、主体的な学びにならない。

コラム アクティブラーニング型授業のメリット

実験的授業の効果（教員にとってのメリット）

道具活用のメリット
(1) データベース・ソフトの利用は時間短縮とミス防止に効果。
(2) 机上の模造紙は、コミュニケーション・ツールと落書き防止に効果。
(3) ホワイトボードも話し合いに効果的。
(4) リフレクションカードは生徒とのコミュニケーションに効果的。
(5) 確認テスト、時刻カードは時間制限に有効。

パワーポイント利用はとても有効
(1) 板書の時間節約の効果大。
(2) ノートがないのも時間節約になる。
(3) 2年目以降は教材作成はとてもラク。
(4) 教員間でデータ共有ができる。
(5) 復習・補習・個人指導にも便利。

その他のメリット
(1) 同じパターンに生徒は安心する。
(2) 資料作成は進度を安定させる。
(3) 「コンパクト・繰り返しなし」の説明が理解を促進する。
(4) 生徒の自主的活動は教師に時間的・精神的余裕をもたらす。
(5) 生徒の裁量が大きいので個々の生徒のニーズに応えられる。
(6) 態度目標は生徒の自由度と参加意欲を高める。

第4章

やってみよう!
アクティブ
ラーニング型授業

**チャイムが鳴る前に
教室で授業の事前チェック**

▶ **資料にあるけれど説明しない場所を確認する**

　授業前には、実験機器のチェックやパワーポイントが映るかどうか確認するなど、授業がスムーズに進むようにチェックをします。

　大切なのが、「説明するところ」と「説明しないところ」の確認です。

　パワーポイントやプリントには文章で載せているけれど、口頭で説明しない「飛ばすポイント」を決めておくのです。

　とくに高校教員はその教科の専門家ですから、「ここも説明しておこう」と、つい言いたくなります。たとえば、絶対温度の記号はK＝ケルビンというのですが、教員は、「ケルビンというのは人名で…」と、つい説明したくなるのです。読めばわかるところは極力省いて説明するために、「飛ばすポイント」チェックはぜひしてほしいですね。

　教室にゴミがないか、物理室なので危険なものはないかといったチェックもします。**それから、私は生徒が活動しやすいように、物理室のそれぞれの机に1枚の模造紙を貼っています。これが生徒同士の話し合いを活性化させるツールの一つになっています。**毎時間交換するのではなく、これ以上書き込みできないなというぐらいになると交換しています。ただ、落書きも書く生徒がいるので、書いている内容に個人を誹謗中傷するものがないか、卑猥なものがないかだけはチェックします。基本的には、生徒がいないときにチェックし、見つけたら消していました。

▶「確認テスト ○時○分から」というマグネットプレートは必須

　マグネットプレートに、「確認テスト　○時○分から」と書いて、各時間分用意します。
　これを、授業開始前に黒板に貼っておくのは絶対条件です。
　15分説明して、その後問題演習の話し合いに入りますが、その後どんなに生徒たちが盛り上がっていても、「確認テストは時間どおりにやります」という、意思表示です。
「急げ、あと5分しかないぞー」
「静かにしろ、始めるぞー」
と、生徒たちをせかすよりも、効果的です。
　プリントは、生徒たちが取りやすいように廊下側と教室の中に1台ずつ長机を置きました。
　廊下側には、主にみんなが一般的に使う説明用資料、演習用問題を並べて、教室の中には個人名が書かれたリフレクションカードと確認テストを名前だけが見えるようにずらして重ねておきました。
　プリントを取るための行列ができないように、机を壁から離して置いて、両脇から取れるようにするなど、ここでも工夫をしました。

ここがポイント！

授業前に「説明しないところ」をチェック。
「確認テスト　○時○分から」のマグネットプレートを貼るのは絶対条件。

2 プリントは並べておけば時間短縮に

▶ **多くの教員が陥る「プリント配布時間」の無駄を省く!**

　私は、「時間厳守」することで生徒の安全・安心の場をつくり、アクティブラーニングが起きる「話し合いの時間」をしっかり確保したいと考えていますので、授業の無駄はとことん省きます。

　プリント配布については、廊下に机を出して、置いておくことにしました。説明のパワーポイント資料と演習問題をそれぞれ積んでおいて、生徒たちは来たら1部ずつ取って着席します。また、前回の確認テストとリフレクションカードを、生徒の名前を上のほうに書き、名前だけ見えるように少しずらして並べています。

　4月の授業を始めて、しばらくすると生徒たちも、
「この先生は、時間をきっちり守る先生だ」
とわかってくるので、自分たちで授業開始までに資料を取り、席に着くようになります。

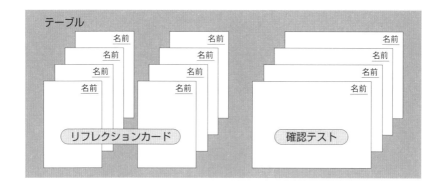

リフレクションカードも、生徒全員分が並べてありますから、すべてなくなったら全員の生徒が入室したことがわかります。
　出席を取る必要もなく、全員が集まったらチャイムが鳴る前に授業を始めることもあります。

▶ プリントは授業終了後に提出用の箱で回収

　授業が終わったら、「確認テスト」と「リフレクションカード」を、教卓にある提出用の箱に入れて、退出させています。
　「後ろからプリントを集めてー」という時間を省くことができます。
　また、生徒以外に向けたA4プリントを1枚つくっておき、物理室の前に置いています。
　新しい授業を始めるとき、管理職や同僚の教員、保護者などが、不安になることもあるかと思います。事前の説明はやはり必要です。もちろん、口頭で説明もするのですが、私は「こういう授業をします」とA4プリント1枚にまとめて、物理室の前に置いておきました。不安になった管理職や教員には、それを見せれば話が早いですよね。
　何枚もプリントがあると、人は読むのが面倒臭くなります。ビジネスの世界では、当たり前のことですよね。

ここがポイント！

プリントは生徒たちが入室と同時に取っていく。
氏名入りリフレクションカードを置けば出欠確認にもなる。

3 授業の前と後に生徒たちとの「ついでに一言」を

▶ 入り口で「生徒を迎える」ポイント「あ・い・さ・つ」

　教室に一番最初に行くのは、「生徒を迎える」ためでもあります。
　時間どおりに授業を進めるためにも、生徒が教室を「安全・安心の場」と感じてリラックスしてくれなくては、主体的で協働的な学習はできません。プリントを持って入ってくる生徒に対して、時間ぎりぎりまで教員がムスッとしていたら、生徒たちは不安になってしまいます。
　そこで、私が意識して行っていたのが、「あ・い・さ・つ」です。あ＝明るく、い＝いつも、さ＝先に、つ＝ついでに一言です。
　生徒が来たら、
「席は自由だよ。好きな席に、リラックスして座っていてね」
といって、明るく迎えます。
　いつも、教員が先にいること、いつもと同じリズムで授業が始まることが、生徒たちの安心につながります。
　授業の前と後には、一人ひとりに、「ついでに一言」をかけることもできます。
　いつもより、元気がなさそうだと感じたら、
「元気なさそうに見えるけど？」
と声をかけます。
「頭が痛いんだ」
と、理由を話してくれることもありますし、
「オレ、元気ですよ」

と返ってくることもあります。
　教員の一言は、空振りでもいいと思うのです。

▶ 教員の一言は「空振りの連続」でいい

「そうか、じゃあ先生の勘違いだね」
と言えばいいだけです。
　でも、実は後で「元気と言ったけど、実は元気じゃない」とわかることもあります。本当に問題を抱えていて、
「先生が気づいてくれた」
と、後から言われたことがあります。
　教員は、空振りの声かけを嫌がる傾向がありますが、空振りばかりでいいと思うのです。めったにはないけれど、たまにヒットがあります。あくまでも、「ついでに一言」程度にして、お説教にならないようにしましょう。
　授業が終わって三々五々生徒が帰るころ、残っていて話しかけてくる生徒もいます。たまたま１人残ったように見えて、実は何か話したい場合があります。こうしたときにぽろっと聞いた話の中に、生徒理解のきっかけや、授業改善のヒントがたくさんあります。
　そのため、最後まで教室に教員が残っているようにするのも、生徒との関係をよくするちょっとしたコツです。

　　ここがポイント！

信頼関係づくりの極意は「あ・い・さ・つ」。
空振りを厭わず「ついでに一言」。

4 説明も授業の進め方も「教科書どおりの順番」で

▶「教科書どおり」だと生徒が安心する

　パワーポイントで映す資料とまったく同じものを、プリントとして生徒に配ります。すると板書する必要がありません。
　生徒たちは喜びます。板書するのって、とりあえず書き写しているだけで、書いて理解しているわけではないんですね。
　それなら、パワーポイント資料を映し出して見せたほうが、視覚的な刺激になります。
　気をつけているのは、順番です。
　パワーポイント資料は教科書に出てくる順番どおりにしますし、説明も教科書の言い方で説明します。
　教科書に載っているとおりの順番で授業を進めます。
　一つの授業が終わったら、何ページも飛ばして別のページに進むというやり方はしません。
　なぜかというと、生徒が不安になるからです。すべて「教科書どおり」に進んだほうが、生徒たちは安心するんですね。ちょっとしたことですが、大切なことです。
　それから、教科書にない話はしません。
　おそらく、どの大学の教育学部でも、
「生徒のモチベーションを上げるために、教科書にないエピソードなどを話しましょう」
と、教えているのだと思います。だから多くの教員が、よく授業でやっているのでしょうが、あまり効果的ではないように感じます。

あちこちの授業を見ていて、思います。

教員が自分の体験談や見聞きした話をし始めると、生徒は下を向いてしまうことが多いんですね。

▶ 教員が思う「面白いこと」は生徒にとって「面白くない」!?

物理で言うと、教員にとって物理現象についての体験やニュースは、「面白い体験」「楽しい体験」なのでしょう。

でも、教室の生徒たちは物理の専門家ではありません。教員と一緒に「面白い！」と思うのは、ほんの少しの生徒だけです。

教員は、
「自分が楽しいと思うことは生徒も楽しいだろう」
と思っているのでしょうが、授業中のウンチク話は、物理大好き、物理専門家による特殊な話です。

一般的な生徒たちからすれば「どうでもいい話」なんですね。

アクティブラーニング型授業では、最初の説明を15分できっちりして、35分の話し合いの時間をしっかり確保することが重要です。

教員が説明すればするほど、理解は深まりません。

> **ここがポイント！**
>
> 授業は教科書どおりに進めるのが生徒の安心につながる。「教科書にない話」は生徒にとって「どうでもいい話」。

5 教員の「説明しすぎ」で生徒は意欲をなくす

▶ **すべてを教員が説明すると生徒は勉強する気をなくす！**

　教員がしゃべりすぎると、生徒同士で話し合う時間が少なくなります。つまり、アクティブラーニングが起きる時間を、教員が短くしていることになります。

　生徒同士の協同作業が減れば減るほど、チームで取り組む必要もなくなってしまいます。

　だから、教員がしゃべりすぎると、主体的で協働的な学習が進みません。

　そもそも、教員がすべて説明して、話して聞かせると、生徒たちはそれ以上、勉強する気がなくなります。
「解き方から結果まで聞いたから、もういいよ」
「説明ばかりで、もうおなかいっぱいだ」
と、なってしまうのです。

　結果的に、授業で先生の話を聞いて、わかったような気になる→授業が終わる→テスト直前に、問題を解いてみたら解けない→０点続出となります。

　いまでも、「昔、物理は大嫌いでした」「物理で０点を取ったことがあります」という方によく会います。教員が、延々と説明するだけの授業を受けてきたのだろうな、と思います。

　そうではなく、授業が終わったときに、
「問題は解けたけれど、なぜこの公式を使うのかな？」
「条件が変わったらどうなるかな？」

と、生徒たちに疑問が生まれることが大切です。

▶ 質問に答えないことで、協働的な話し合いが始まる

　私は、最初の15分の説明が終わったら、必要最小限のこと以外、しゃべらないようにしています。説明を聞いていないような生徒がいても、そのまま進めます。
　その後、生徒からの質問には答えません。
　代わりに、
「友だちに聞いてみたら？」
と言っています。
「ちゃんと聞け！」
「静かにしろ！」
と注意しなくても、生徒同士で聞き合い、話し合いが始まります。逆に、叱っていると時間をオーバーして、生徒同士の話し合いの時間が減る可能性があります。大変な時間の無駄ですね。
　「説明しすぎない」「なるべくしゃべらない」というのは、生徒たちの主体的で協働的な話し合いの場をつくる、仕掛けでもあるのです。

ここがポイント！

「なぜこの公式を使うのかな？」
不思議だなと思えることが協働的な学びを成功させるコツ。

6 失敗しない「パワーポイント授業」のツボ

▶教員がパソコン画面ばかりを見て授業すると……

　最近、パワーポイントを使って授業をする教員が増えてきたなと感じます。

　ビジュアルで惹きつける効果があり、とても有効な説明方法だと思っています。

　ただ、多くの教員たちの授業を見ていると、気になることがあります。一つは、教員がパソコン操作ばかりに集中していることです。

　パワーポイントでの説明を、板書と同じと考えているのかもしれません。

　授業中、パソコンのキーボードを叩くばかりで、教室全体を見ていないのです。

　これでは、生徒たちは、
「先生は機械に集中している」
「僕たちを見てくれていない」
と感じてしまいます。

　最近は、スマートフォンやタブレットを使って操作している教員も見かけます。一見スマートに見えますが、これらを使うと、両手がふさがってしまうのですね。

　パソコンと同じで、画面をずっと見なければならないので、生徒と心理的な距離感が生まれます。

　教室全体を見るという視点で言うと、マイナスです。

▶片手でリモコン操作、視点は生徒たちに向けよう

　私は、リモコン式のポインターで操作しています。

　教壇を降りて、教室を歩き回りながら、説明しています。**「物理的な距離を縮めると、心理的距離も近くなる」**と言われるように、教員が生徒の近くをうろうろしていたほうが、信頼関係もつくりやすいのですね。

　リモコン式のマウスは、パソコンから離れて、片手で使えるので便利です。パワーポイント授業に、リモコンは必須だと思います。

　教室のどこからでも、ポインターで説明する場所を指すことができますし、生徒たちを見ながら説明ができます。
「先生の後ろになったから、パワーポイントが見えない！」
ということも、避けられます。

　高機能できれいなものを、と機械は改良されていきますが、そうなるほど操作が複雑になる傾向があります。

　教員がパワーポイントを使用するときは、効果的な説明をしつつも、生徒たちから意識を離さないでおく必要があります。

　そうでないと、その後の話し合いの時間に、適切な対応、質問による介入がうまくいきません。

　なるべく、片手で、できれば指１本で操作できて、いつも生徒を見ていられる道具を選ぶことが大切です。

ここがポイント！

パソコン操作ばかりで生徒たちを見ないパワーポイント授業はNG。片手で操作できるリモコン操作ができるポインターがおすすめ。

7　授業では「内容目標」より「態度目標」を先に提示する

▶「しゃべる」「質問する」〜「態度目標」が第一

　「この時間の目標」として、生徒たちに最初に見せる授業スライドは「態度目標」です。
　これは年間通して、同じものです。
「しゃべる」「質問する」「説明する」「動く（立ち歩く）」「チームで協力する」「チームに貢献する」の6つです。
　次に、「内容目標」を見せます。
〜理解すること
　（1）〈用語を理解する〉
　　　熱、熱量、熱平衡、熱容量、比熱、熱量の保存
　（2）〈イメージを描く〉
　　　①熱（量）が移動して温度が変わることをイメージできるようにする
　これを見た多くの教員が驚きます。
「態度目標」を先に出す意味は、「内容目標」より「態度目標」を重要視しているよ、という意思表示でもあります。
　「普通の授業でよいとされてきた『黙って聞いている』『1人でノートを取る』という行動は、悪い態度だからね」
と言うと、「本当にしゃべっていいの？」「立ち歩いていいんですか？」「面白そう！」と、生徒たちも盛り上がってきます。

▶ 説明を飛ばすことが「話し合いのきっかけ」づくり

　事前チェックの項で、説明のときに「飛ばすポイント」をチェックすると書きました。
　これが、「話し合いのきっかけ」をつくります。
　説明しているとき、聞いていない生徒がいても続けますが、「もう1回説明して」と言われても、私は説明しません。代わりに、
「友だちに聞いてみたら？」
と言います。すると、他の友だちに聞いて理解します。
　また、
「○○について、知っていることを話し合ってください」
と、短い話し合いの時間を、説明の時間に入れます。
　すると、説明がしっかり伝わっていなかった生徒にも、誰かが教えてくれるのです。
「□□って意味なんだ。え、みんな知っているの？」
と、理解のタイミングはズレても、自然に友だち同士の話し合いで補完されていきます。
　教員が極力、説明をしないことが、「生徒が勝手に動き出す仕掛け」になっているのです。

ここがポイント！

授業の「内容目標」より「態度目標」を第一に。
　1回しか説明しないことで「話し合いのきっかけ」をつくる。

ある1時間の授業のプリント例②（B4・1枚分（両面印刷））

「科学的対話力」
を高めるための時間です。

席は自由です。
できるだけ色々な人と
話せるようにしましょう。

プリントをとって、
教科書・筆記具を用意して、
各テーブルごとに
リラックスできるような雰囲気を
作っておいてください。

チャイム終了と同時に
解説を始めます。

この時間の目標

1. しゃべる、質問する、説明する、動く、
   チームで協力する、チームに貢献する

2. 理解すること
  (1)〈用語を理解する〉
      波、媒質、波源、単振動、周期、振動数
      波形、変位、正弦波、山、谷、波長、
      位相、同位相、逆位相

  (2)〈イメージを描く〉
      波の速さ　　$v = \dfrac{\lambda}{T} = f\lambda$

第1章 波の性質　①波の伝わり方と種類　A 波

1. 波～振動が伝わる現象
2. 媒質～波を伝える物質
   （例）水、ばね、空気、地面、真空（空間）
3. 波源～波が発生する場所
   （別の言い方）音源、光源、震源

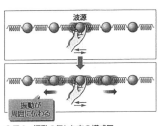

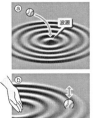

◎図2　振動の伝わり方の模式図

B 波の発生

1. 波が伝わるとき媒質の各点は単振動をしている。
2. 単振動とは等速円運動の正射影である。
3. 周期～円運動1回転の時間＝単振動1回振動の時間
   振幅～単振動の振れ幅

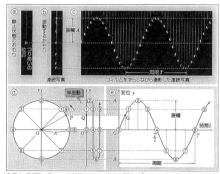

◎図4　単振動　ⓑは0.1秒間隔でおもりの動きを撮影し、ⓒはフィルムを横にずらしながら撮影している。おもりは振動の中心付近で速く、端付近では遅くなっている。ⓓは一定の速さで回転する物体のy軸上への投影図。ⓔはおもりのy座標と時間tとの関係である。

出典：「図2 振動の伝わり方の模式図」「図4 単振動」『物理基礎』（数研出版、平成24年発行）p.135、136より。

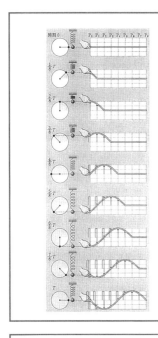

B 波の発生

1. 正弦波
   単振動が伝わっていく波
2. 振幅
   振動の幅　　　A[m]
3. 周期
   1振動の時間　T[s]
4. 振動数　　　　f [Hz]
   1秒間に往復する回数
5. 波形　波の形

C 波の要素

1. 波長～山から山までの距離
2. 振幅～山の高さ、谷の深さ
3. 波の速さ
$$v = \frac{\Delta x}{\Delta t}$$
4. 速さ・振動数・波長
$$v = \frac{\lambda}{T} = f\lambda$$

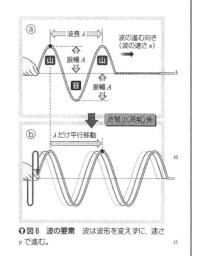

❶図6 波の要素　波は波形を変えずに、速さ v で進む。

出典：「図6 波の要素」『物理基礎』（数研出版、平成24年発行）p.138より。

D 位相

1. 位相～振動状態のこと 単振動の回転角で表す。
2. 同位相～2つの波の位相が一致していること。
3. 逆位相 2つの波の山と谷が逆転している。

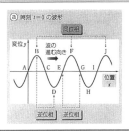

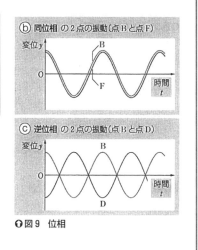

◐図9 位相

チェックリスト　できましたか？

1. □しゃべる、□質問する、□説明する、□動く、□チームで協力する、□チームに貢献する

2. 理解すること
   (1)〈用語を理解する〉
   　　波、媒質、波源、単振動、周期、振動数
   　　波形、変位、正弦波、山、谷、波長、
   　　位相、同位相、逆位相

   (2)〈イメージを描く〉
   　　□波の速さ　　$v = \dfrac{\lambda}{T} = f\lambda$

出典:「図9 位相」『物理基礎』(数研出版、平成24年発行) p.140 より。

「演習問題」の時間に教員が生徒に関わるコツ

▶ 自分1人でわからないことを乗り越える手立ては友だち

　35分の演習問題に、4題の問題を用意しています。
　最初の1問は、基礎の確認レベルで、ほとんどの生徒が1人で解ける問題です。2題目、3題目と難度は上がります。4題目は、入試問題レベルを出すこともあります。
　1、2問目を解いているころは、教室は静かです。3問目あたりから、教室が賑やかになってきます。
「これ、どうやって解くの？」
「こうやったら解けるんじゃない？」
と、話し合いが始まります。
　プリントにある説明をもう一度読む生徒、教科書を調べ始める生徒、図にしたり絵をかいたりして考える生徒も出てきます。
　わからなければ、解答解説の答えを見て、それを手掛かりに解き始めます。
「自分1人でわからないことを乗り越える手立ては、友だちなんだよ」
と、よく言っています。わからないところを、わかる子に教えてもらって、「皆がわかる」というのが、アクティブラーニング型授業の目指すところです。
　友だちに聞いたり、しゃべったりすることで、「わかった！」と気づくことが大切です。

▶ 教員は「質問」してスッと消える

　話し合いがなかなか進まなかったり、黙ってしまう生徒がいたりします。こういうとき、教員は、
「何やってんだ、話し合いをしろ」
と、指示を出したくなってしまいます。**しかし、教員からの指示は厳禁です。私は常に、「質問」で介入することにしています。**
　黙っている生徒や、雑談で脱線している生徒たちには、
「チームで協力できていますか？」
「確認テストまであと10分ですが、順調ですか？」
「確認テストまであと5分ですが、順調ですか？」
　私が授業で質問するのは、この3つがほとんどです。
　10分前、5分前と2回声をかけることに、大きな意味があります。10分前に、1人で解こうと考えていた生徒が、5分前となると、
「もうダメ、教えて」
と、友だちに聞くようになります。
　そして、私がポンと話しかけて、生徒たちがボソボソと話し始めたら、スッといなくなるようにしています。私がいると、みんなが私に話しかけてしまうからです。
　私がいなくなれば、お互いに話し合いを始めます。

> **ここがポイント！**
>
> 教員は「質問」で介入し、生徒たちが話し始めたら離れる。

実際の練習問題のプリント例② (B4・1枚分（両面印刷）)

物理基礎練習問題（波の伝わり方）

1

　x軸上を進む正弦波がある。図の破線の波形は実線の波形から0.50秒後のものであり，このとき山Aは山Bの位置まで進んでいる。この波の振幅，波長，速さ，振動数を求めよ。

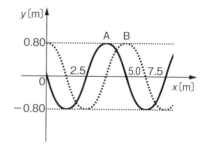

2

　図(a)について，次のことを考えてみよう。
(1) 点Cと同位相の点はどこか。また，逆位相の点はどこか。
(2) 点Cが振動数f[Hz]で単振動しているとき，点Cの位相は何秒間隔で等しくなるか。

(a) $t=0$での波形
隣り合う同位相の点は距離λ離れている　波の進む向き

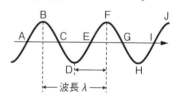

出典：本書p.92-99の問題1 2 4は『改訂版　物理Ⅰ』（数研出版、平成19年版）p.137、139より。3は『改訂版　トライアル物理Ⅰ』（数研出版、平成18年発行）p.61より。

年　(　　)組　(　　)番　名前(　　　　　　　　　　　　　　)

3

横波がx軸の正の方向に進んでいる。図の実線の波は$t=0.0$sにおける波形で，$t=0.10$sのときにはじめて破線の形になった。

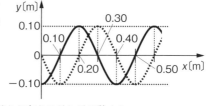

(1) この波の波長は何mか。
(2) 波の速さvは何m/sか。
(3) $x=0.0$mの位置の媒質は$t=0.0$sから$t=0.10$sの間どちら向きにどれだけ動くか。

[考え方]
(1), (2) グラフから波の要素や進み方を読みとる。
(3) 横波の媒質は波の進行方向と垂直に振動する。各媒質の動き方を具体的に考える。

物理基礎練習問題（波の伝わり方）

4

次の図は，水平に張ったひもの端P_0を周期Tの単振動と同様に振るときの波形を時刻0から8分の1周期ごとに表している。P_8は1周期後に波の先端が到達する点である。

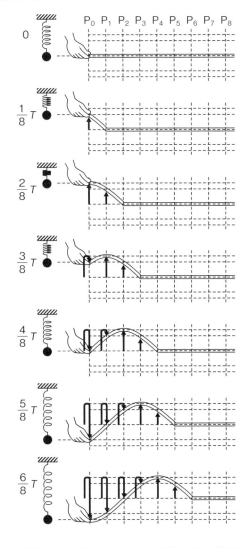

年　（　）組　（　）番　名前（　　　　　　　　　　）

$\frac{7}{8}T$

T

(1) 点P_0の変位は時間とともにどのように変化するか。縦軸を変位，横軸を時刻にとって表せ。
(2) 点P_4の変位は時間とともにどのように変化するか。縦軸を変位，横軸を時刻にとって表せ。
(3) 時刻$\frac{12}{8}T$における波形はどのようになるか。

実際の練習問題の解答解説例②（B4・1枚分（両面印刷））

物理基礎練習問題（波の伝わり方）解答解説

[1]
[解答]　0.80m，5.0m，2.5m/s，0.50Hz
[解説]
　最大の変位を読みとると振幅は0.80m。また，波1個分の長さから波長λは5.0m
　グラフより0.50s間に波は1.25m進んでいるので、速さvは
$$v = \frac{1.25}{0.50} = 2.5 \text{(m/s)}$$
　振動数fは、$v = f\lambda$ より
$$f = \frac{v}{\lambda} = \frac{2.5}{5.0} = 0.50 \text{(Hz)}$$

[2]
[解答]　(1) 同位相の点：G　逆位相の点：A，E，I

(2) $\dfrac{1}{f}$ (s)

[解説]
(1) 同位相の点：G
　　逆位相の点：A，E，I
　注意　図(a)で、たとえば点Cと点Aの変位は等しいが、媒質の動き方は逆である。
(2) 図(a)のように進行波が伝わるとき，媒質の任意の点の振動状態は周期Tごとに等しくなる（同位相となる）。
　振動数がf (Hz)のとき，f (回)振動するのに要する時間が1sであるから，
　1回振動するのに要する時間〔周期T〕は$T = \dfrac{1}{f}$ (s)である。
　したがって，$\dfrac{1}{f}$ (s)ごとに位相が等しくなる。

年　(　　)組　(　　)番　名前(　　　　　　　　　　　　)

3

[解答]　(1) 0.40m　　(2) 1.0m/s　　(3) 上に0.10m

[解説]
(1) グラフより **0.40m**
(2) たとえば，$t=0.0$s のとき $x=0.20$m の位置の山は，$t=0.10$s では $x=0.30$m の位置にある。すなわち，この波は 0.10s 間に 0.10m 進むから
$$v=\frac{0.10}{0.10}=1.0\,(\text{m/s})$$
(3) $t=0.0$s から 0.10s の間に各媒質は右図のように動く。$x=0.0$m の位置の媒質は上に **0.10m** 動く。

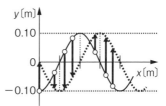

物理基礎練習問題（波の伝わり方）解答解説

4
[解答]　(1)

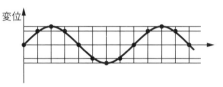

(2)

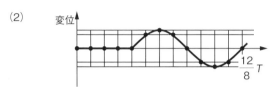

(3)

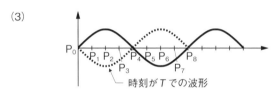

[解説]
(1) 点P_0は時刻$t=0$のときから振れ始める。はじめ上向きに動く振動で，その周期はTである。したがって，下図のようになる。

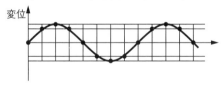

(2) 波が波源から点P_4に伝わるのに要する時間は$\frac{4}{8}T(=\frac{1}{2}T)$である。したがって，点$P_4$は$t=\frac{4}{8}T$から周期$T$で振れる。よって，下図のようになる。

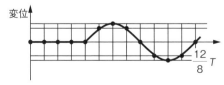

年 (　　)組 (　　)番　名前(　　　　　　　　　　　　　　)

(3) 波が時間 $\dfrac{12}{8}T$ の間に進む距離は，時間 T の間に進んだ距離 P_0P_8 の長さの $\dfrac{12}{8}$ (=1.5)倍となる。したがって，時刻 $\dfrac{12}{8}T$ での波形は下図の実線のようになる。

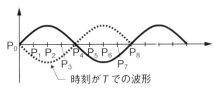

　　　　　　　時刻が T での波形

9 生徒たちの話し合いを活性化させる「具体的な質問」

▶ 個別ではなく、みんなに向かって質問する

　アクティブラーニング型授業に向けていろいろ勉強していたとき、「アクションラーニング」の質問方法がヒントになりました。

　アクションラーニングとは、質問会議と呼ばれる会議の方法です。世界中の企業で問題解決・チームビルディング・リーダー育成などに用いられています。アクションラーニングにはコーチがいて、「みんなに向かって質問する」という技法をよく使います。

　これはいい！　と思い、取り入れました。授業中に、教員が個別に質問したら、生徒はプレッシャーを感じます。ですから、
「チームに協力できていますか？」
といった質問は、グループ全体、または全員に向けて話します。
「はい、できています」
と一般的な受け答えが返ってくると、本当にできているかよくわからないので、
「質問したり、説明したりできていますか？」
「どういうふうに協力できていますか？」
などと具体的な質問をします。
　すると、
「○○くんが□□さんに教えています」
「僕はたくさん質問できています」
と、生徒の様子がつかめる返事が返ってきます。

▶ グループでもわからないときはどうするか？

　グループで話し合っても、問題が解けないことがあります。
　このグループが止まっているな、困っているな、というときこそ、教員が介入する場面です。この場合、
「チームで協力していますか？」
ではありません。
「先生、僕たち誰もわかりません」
「そうなんだ。そんなときはどうしたらいいと思いますか？　態度目標に、ヒントはありませんか？」
　すると、生徒は気づきます。
「あ、立ち歩く、かな？　他のグループに聞いてみていいですか？」
「どうぞ」
　質問で介入することで、生徒を立ち歩かせることに成功しました。「あっちのグループに聞いてみろ」などと言って、教員は生徒たちを「動かそう」と思ってしまいがちですが、ここはぐっと我慢です。
　どんなシチュエーションが考えられるか、場面ごとに、どんな質問で介入すると「態度目標」が達成できるか、考え続けてください。私もたくさんの失敗をしました。
　教員のプロの腕の見せ所です。

ここがポイント！

批判や禁止ではなく、生徒に気づきを促す質問が有効！

◆授業中の有効な質問の例

1 教員「チームで協力できていますか？」
　　→生徒「あ、忘れていた！」(話し合いが始まる)

2 教員「確認テストまであと10分、順調ですか？」
　　→生徒「TVの話はあとにして、早く問題をやろうよ」

3 教員「確認テストまであと5分。順調ですか？」
　　→生徒「うわあ、もうダメだ。A君、教えてよ」

4 教員「質問したり、説明したりできていますか？」
　　→生徒「あ、これからです。B君、教えてくれる？」

5 教員「チームで協力できていますか？」
　　→生徒「……」(みんなが沈黙している)
　　→教員「うん？　難しいかな？　どうすれば質問したり説明したりできそうですか？」
　　→生徒「……」(まだ、みんなが沈黙している)
　　→教員「C君、どうすれば質問できると思う？」
　　→C「えーと、気軽に質問するといいと思う」
　　→教員「いいね。D君はどう思う？」
　　→D「うーん、まずは雑談からかな？」
　　→教員「なるほど、それもいいね。C君とD君の意見をヒントにやってみてね」

6 (一人ぼっちの生徒に。個別面談で)

　教員「**物理の授業の目的や目標には賛成してもらえますか？**」
　　→生徒「はい。大人になったら話せないといけないと思います。でも、僕、できません」
　　→教員「なるほど。誰となら話せるの？」
　　→生徒「うーん……誰とも……無理です」
　　→教員「そうかあ。私とは話せそうですか？」
　　→生徒「はい。できると思います」
　　→教員「じゃあ、そこから始めましょう」

> ここで「A君とは話せます」との返事なら、「じゃあ、A君のそばにいることから始めましょう」で面談終了です。

> この質問の前に5〜10分、雑談しておくのがコツ

7 (上記の面談後に授業中の演習の時間に……)

　教員「**おはよう。調子はどう？**」
　　→生徒「はい、まあまあです」
　　→教員「おお。話ができたね。今日の目標達成ですね。すばらしい！」
　　→教員「問題はわかっていますか？　質問はないですか？」
　　→生徒「2番がわからないんですが……」
　　→教員「ああ、これはね……」
　　　　　(最初は教えます。何回か教えた後で……)
　生徒「先生、この問題がわからないんですが……」
　　→教員「ああ、これはさっきA君が解いていたよ。私の代わりにA君を呼んでいい？」
　　→生徒「……」(嫌だということです)
　　→教員「じゃあ、私が教えるね」
　　　　　(次の日……)
　生徒「先生、この問題がわからないんですが……」
　　→教員「ああ、これはさっきB君が解いていたよ。私の代わりにB君を呼んでいい？」
　　→生徒「……」(嫌だということです)
　　→教員「じゃあ、私が教えるね」
　　　　　(この空振りを厭わず繰り返すだけで、どこかで「うん」と言い、友だちと話すようになります)

10 確認テストは「時間厳守」で実施に意味がある

▶ 確認テストは演習問題から2題出す

　最後の15分は、確認テストと相互採点、リフレクションカード記入の時間です。
　確認テストは、演習問題から同じ問題を2題出します。
　理由は3つあります。
　まず、新しい問題を出すと、解くのに時間がかかったり間違えたりして、自信をなくす可能性があるからです。同じ問題なら、安心して取り組むことができます。
　そして、同じ問題でも、図をかいたり説明を書いたり、計算式を書くことで、「答案を書く力」が鍛えられます。
　考えも整理されて、「なぜ、こうなるのか」と理解しながら書くので、論理的思考の訓練にもなります。
　授業前から、マグネットプレートで「確認テスト　○時○分から」と示しているように、時間厳守で始めます。解けていないグループがいたり、「もうちょっと時間をください」というグループがいたりしても、
「時間だからね」
と言って、始めます。
　だんだん生徒たちは、「先生は必ず時間どおりに確認テストをする」と理解し始めるので、演習問題の時間も、
「あと○分だから急いでやろう」
と、「時間内で4題、解こう」という意識が生まれます。

だから、
「確認テストまであと5分ですが、順調ですか？」
という質問が効果を発揮するのです。

▶ 友だち同士のプレッシャーはプラスに働く

　グループごとに、全員が確認テストを書き終えたら、答案を交換し合って採点します。交換の仕方も、終わりの時間も設定しません。
「では、時計回りに答案を回して採点して」
と、つい教員は言いたくなりますね。でもこれは過干渉であり、こういうときこそ、生徒たちの主体的に動きに任せることが大切です。
　生徒同士の学び「ピア（友達）・ラーニング」で学んだ手法を生かしています。教員からのプレッシャーは生徒にとって、ダメージが大きいですが、友だち同士のプレッシャーは、よい方向に向かうのです。
　確認テストが終わった生徒は、リフレクションカードを書くなどして、最後に終わる生徒を待ちます。最後になった生徒は、「早く仕上げなくては」と、早く終わるように自ら努力するようになるのです。
　みんなが文句を言うわけでもないのですが、本人が急ごうという気になるので、だんだん早く書くようになります。

ここがポイント！

確認テストは「時間厳守」！
こまめな時間制限が生徒の集中力と作業能力を上げる！

こちらは確認テストです。確認テストの意味とつくり方はp.104を参照してください。ここでは、授業用プリント、練習問題との連動

実際の確認テスト例②（B4・1枚分）

物理基礎確認テスト（波の伝わり方）

1
　x軸上を進む正弦波がある。図の破線の波形は実線の波形から0.50秒後のものであり、このとき山Aは山Bの位置まで進んでいる。この波の振幅，波長，速さ，振動数を求めよ。

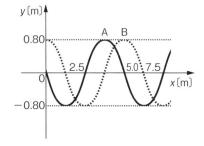

出典：p.92参照。

からどのような確認テストをつくっているかの実例として紹介します。

年　（　　）組（　　）番　名前（　　　　　　　　　　　　　　）

2　横波がx軸の正の方向に進んでいる。図の実線の波は$t=0.0$sにおける波形で，$t=0.10$sのときにはじめて破線の形になった。
(1) この波の波長は何mか。
(2) 波の速さvは何m/sか。
(3) $x=0.0$mの位置の媒質は $t=0.0$sから$t=0.10$sの間どちら向きにどれだけ動くか。

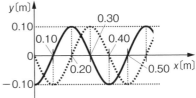

◎「科学的対話力」を意識して話し合えましたか？
(1) プリント最後のチェックリストの各項目を読んでチェックしましょう。
(2) そのうえで，リフレクションカードに以下のことを書いてください。
　　A「どんな風に話し合えましたか？」
　　B「わかったこと・わからなかったこと」
　　C「感想・意見など」

11 「ほぼ全員花丸100点」で物理好きから「物理がわかる」に

▶ 確認テストは全員が100点&花丸をもらう

　確認テストは、学習内容の振り返りであり、学習の定着の効果もあります。時間になると、教室はしーんとして、一斉に取り組みます。見学に来た皆さんが、驚く瞬間でもあります。

　しばらくすると私は「解けないときは、資料を見たり、友だちと相談していいよ」
と言っています。

　友だちの答案を見て、解き方に気づければいいのです。
　採点では、花丸をつけることにしています。
「花丸なんて、小学校以来だなあ！」
と、生徒たちは盛り上がります。

　採点の基準は、3つあります。
　　1　おおむね正解の答案に、丸をつける
　　2　間違いに気づいたら、直してあげて、丸をつける
　　3　途中まで書いてある答案なら、そこまで正しければ丸をつける
　つまり、ほとんどの生徒が、花丸になります。
「大きく100点と書いて、派手な花丸をつけて返しましょう」
としていました。

　これには、隠れたねらいがあります。
「点数がいい」→「物理を嫌いにならない」→「物理がわかる」
という、ポジティブなサイクルにしようと考えたのです。

　なぜかというと……。

私と名刺交換をして、物理の教員だと知った大人たちが、言うのです。
「物理が苦手でした」
「生涯、初めての０点は物理でした」
　実に、多くの大人から聞く話です。
　つまり、「点数が悪かったから嫌いになった」のでしょう。
　ならば、まずよい点を全員が取れるようにしよう。そう考えて始めたのが、この「ほぼ全員花丸採点」です。

▶「100点だった」とにこにこしながら提出していく生徒たち

　授業が終わると生徒たちは、教卓にいる私に直接、確認テストを提出してから退出します。
　みんな100点ですから、にこにこしています。
「間違いを直してもらったけれど、100点です」
「ばっちりできました！」
「もうちょっと勉強しようと思いました」
と、それぞれに「ついでの一言」を言いながら、帰っていきます。

> **ここがポイント！**
>
> 正解なら丸、間違っていたら直して丸に。
> 「よい点数」を取ることで「物理嫌い」にしない。

100点にかならず採点されるテストなら全員がやる気になる！

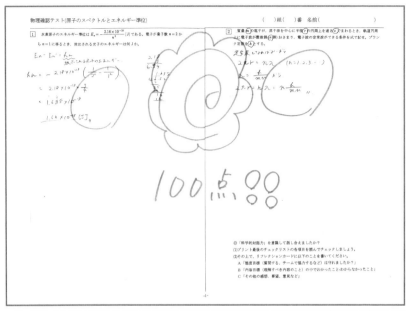

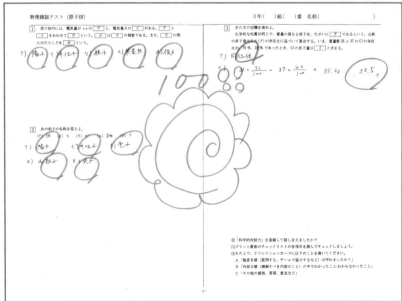

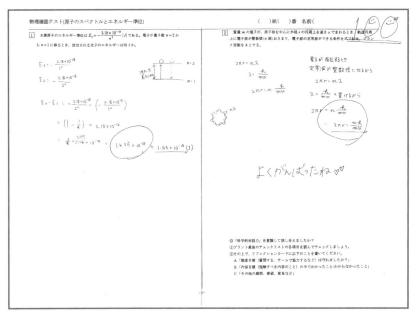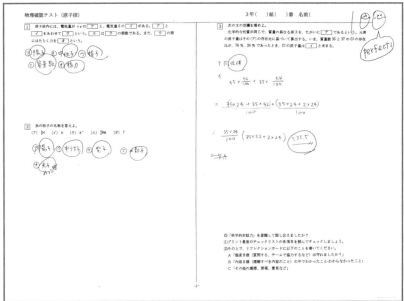

12 リフレクションカードで「今日の学び方」を振り返る

▶「学習態度」の振り返りはリフレクションカードで

リフレクションとは「気づき」※という意味です。授業の最後に、記入してもらいます。

1　態度目標に沿って活動できましたか？　その活動で気づいたことは何ですか？
2　内容目標について、「わかったこと/わからなかったこと」は何ですか？
3　その他なんでも。苦情、要望、授業改善のアイデアなど。

の3つです。
「書くこと」がとても重要で、今後の学習に役立ちます。

生徒たちは、3つの問いに対して書くことで、今授業で体験したことを振り返り、「次の時間にはこうしよう」と気づきが生まれます。
「今日はあまり質問できなかった」
「友だちに説明してもらったら、そうなのかってわかった。自分で問題が解けて、わかるってうれしい」
「友だちと話していて、こんな疑問が生まれた。次回は、他の友だちとも、もっと話し合いたい」

今日の「学び方」を振り返るのが目的です。

アクティブラーニングとは、学び方＝プロセスを学ぶことでもあります。知識は忘れても、「学び方」は社会に出て生きるために、大いに役立つ力です。

学習内容は確認テストで、学び方はリフレクションカードで振り返

りをしています。

▶「みんなの気づき」はプリントにして黙って配布

　生徒たちの気づきは、「教員の気づき」にもつながります。
　たとえば、できる生徒がこんなことを書いていました。
「友だちに教えていたら、途中でうまく説明できなくなりました。だから、教科書や参考書を読みなおしてもう一度説明したら、友だちに教えることで自分もよくわかりました」
　なるほど、こういう効果が生まれるのかと、たくさんの気づきがありました。生徒たちにフィードバックしようと考えて、名前を伏せて、コメント集のプリントをつくって配布しました。
　こういうときも、「こういう意見がありました。よい意見ですね」などと、教員の解釈や評価を入れてはいけません。
「こんなカードがありましたよ」
と、まとめたプリントを生徒たちに渡すだけでいいのです。
「そうか、教えてプラスになると感じる人がいるなら、私も今度教えてみようかな」
「教えてもらって申し訳ないと思ってたけど、そうでもないんだ」
と、生徒たちが自ら気づくようにすることが、アクティブラーニング型授業を成功させるための、重要なポイントと言えるでしょう。

※リフレクション（reflection）の原義は反射です。鏡に映して自分の顔を見ると顔の汚れに気づくことから「気づき」の意味に使われるようになりました。

ここがポイント！

「気づいたこと」を言語化して「学び方」を振り返る。
生徒たちの気づきから教員の気づきも生まれる。

リフレクションカードはこのように、毎回、数行ずつ記入していってもらい、教員はハンコを押して返すというかたちをとっています。

実際に記入されたリフレクションカード

2年　組（　）氏名

「物理Ⅰ」「物理Ⅱ」用リフレクションカードです。以下を書いて下さい。
日付／A（わかったこと、なるほど！と思ったこと）／B（これからやろうと思ったこと、次回までやろうと思ったこと）／C（感想、質問、意見など）
自分が体験した事実、感情、思考を振り返り言語化することで気づき（リフレクション）を得ます。メモではなくきちんとした文章で書きましょう。

1/31 A．静電気のうごきについて
　　　B．練習問題の確にん
　　　C．実験がおもしろかった。

2/2 A．中学校のときにやった内容もありました
　　　B．練習問題をやる
　　　C．公式を覚えたい

2/6 A．公式の使い方がわかった
　　　B．練習問題のかくにん
　　　C．中学のときにならった公式も使えました。

2/7 A．電から熱を発生することがわかりました
　　　B．練習問題のかくにん
　　　C．実験をみてすごいと思った。

2/9 A．公式をおぼえたい
　　　B．かくにんテストの復習
　　　C．問題がまにあわなかったです。

2/19 A．磁場についてわかった。
　　　B．法則のかくにん
　　　C．中学でやった内容でした。

2/16 A．モーターについて
　　　B．練習問題のかくにん
　　　C．実験がおもしろかったです。

2/20 A．交流と直流について
　　　B．練習問題のかくにん
　　　C．わかりやすかったです。

2 年　　組(　　)氏名

「物理Ⅰ」「物理Ⅱ」用リフレクションカードです。以下を書いて下さい。
日付／A（わかったこと、なるほど！と思ったこと）／B（これからやろうと思ったこと、次回までやろうと思ったこと）／C（感想、質問、意見など）
自分が体験した事実、感情、思考を振り返り言語化することで気づき(リフレクション)を得ます。メモではなくきちんとした文章で書きましょう。

11/15　得意分野をもっとのばしていこうと思った。

12/8　A. 光の性質について
　　　B. 復習
　　　C. 確認テストよく分かったのでよかった。

12/11 A: 実験よく分かった。
　　　B: 復習
　　　C: 今日はあまり話し合えなかった。

2/6 A: 電気とエネルギー計算について
　　B: 復習
　　C: 説明する問題が難しかった。

2/7 A: 電子が移動していること
　　B: 復習
　　C: 電子が移動する時に小さな穴が空いてすごかった。

2/9 A: 帯電について
　　B: 教科書も見る
　　C: 班で実験できてよかった。 good

13 慣れてくれば「うまくいかないチーム」もわかる

▶「リーダーシップのある生徒」と「仕切る生徒」の違い

　何度もアクティブラーニング型授業をして、慣れてくると、
「このチーム、うまくいかないな」
と、最初のほうでわかるようになります。
　まずは、「仕切る生徒」がいるチームです。
　みんなに影響力を持っている生徒が、
「これはこうだよ、ああだよ」
と言いだすと、他の生徒が反論しにくい雰囲気が生まれます。こういうチームは、たとえばコンセンサスゲームだとおおむね点数が下がります。
　仕切るのとリーダーシップとは違うのです。
　仕切る生徒は、勝手にしゃべっていて、他の生徒の意見を抹殺してしまうのです。すると、みんなが自由に発言しにくくなり、いろいろな意見が集まらないまま、終わってしまうのです。
　では、仕切る生徒はその後、どうなるか──。
　まず、周りに人がいなくなってしまいます。あるとき、ある生徒が、
「先生、俺の周りに誰も来なくなっちゃった」
と言ってきたことがあります。
　私は、「ああ、そうなんだ」と言って、
「席、自由だからね。私も、誰がどこに行くか、コントロールできないからなあ」とだけ、話しました。

▶「自己理解」と「行動修正」ができた生徒

　その3週間後のことです。
　その生徒が、また私のところにやってきました。
「先生、俺のところに1人も来なくなったって言ったの覚えてる？」
「覚えてるよ。今日、みんなが戻っていたよね。何かあったの？」
　ちょうど、文化祭があったころです。
「俺、考えたんだよね。なんでみんながいなくなったのか、何人かに聞いたんだよね」
「で、どうだった？」
「なんか、俺の言い方がまずかったらしいんだよね」
「ふーん」
「だから、やり方を少し、変えたんだよ」
「そうなんだー」
　彼は、自己理解した上で、行動修正もできたのです。
「そうなんだ」と聞き、お説教もアドバイスもしなかったから、起きた出来事だと思っています。

> **ここがポイント！**
>
> 授業を重ねることで生徒の自己理解が深まる。
> 人がいなくなるときが、自己理解と行動修正のチャンス。

14 生徒への受け答えは「そうなんだ」「よかったね」

▶「だいたいお前は……」とお説教をしても変わらない

　アクティブラーニング型授業での教員の役割は、見守ることです。生徒は自分で課題にチャレンジし、他の生徒との関わりを通して、自分の問題にも気づいていきます。そして、自分の問題に気づくのも、解決のためにどう頑張るかも、生徒自身にまかせるほうがよいのです。

　だから、生徒がアクティブラーニングの授業の中で困っていたとしても、すぐに解決法を示すのではなく、

「ああ、そうなんだ」

という受け答えぐらいが、ちょうどいいんですね。

　ときどき、

「ああ、よかったね」＝「その体験は、あなたにとってよかったね」

くらいは言ってもいいと思います。

　すると、

「ちょっと辛かったけど、よい経験でした」

と、生徒自身も言葉にすることができます。

　辛かった思いだけが残ると、「辛かった」という意識づけしかできません。ですから、ときどき、いい意味づけは意識的にしています。

　体験を、言葉にすることはとても重要なことです。

「自分にとって、よい経験だった」と言葉にすることで、体験しただけで終わらずに、「よい体験だった」という再評価ができます。

▶「コルブの経験学習モデル」から学んだこと

　ビジネス界に、「コルブの経験学習モデル」という理論があります。
「具体的な経験→内省的な観察→抽象的な概念化→能動的な試み→（さらに）具体的な経験」
と、繰り返し続く学びの考え方です。
　私はこれを、
「体験する→振り返る→気づく→行動計画を作成する→（再び）体験する」
のように簡単に表し、この繰り返しが「学習」であると考えています。
　この理論を知ったときは、「学習」の意味を初めて知った気がしました。
　私が考えるアクティブラーニング型授業の、理論的基盤でもあります。
　体験を「言葉にする」ことは、振り返りの大切な手段です。
　ですから、コンセンサスゲームもアクティブラーニング型授業も、授業の最後に記入する、「リフレクション（気づき）カード」がとても重要なのです。

ここがポイント！

教員は「そうなんだ」「よかったね」と受け止めよう。
体験を言葉にすることが「振り返り」になる。

アクティブラーニングを始める10のコツ！

① モデルを見よう、体験しよう。まねできるヒントをつかもう。
　　～どの「流派」でもOK。あれこれ見てみよう～

② 理論学習をしよう。社会学的、歴史的意義を重視して。
　　～役に立つのは組織開発、人材開発、学習理論など～

③ 小さなチャレンジから始めよう。
　ちょっとやって反応を見る。
　　～「1分間、隣の人と話し合って」だけでも効果あり～

④ なにかやったら生徒の反応を聞こう。
　できれば生徒にシェアリング。
　　～生徒の声はリフレクションのきっかけ、
　　　　　　　勇気の源、アイデアの泉～

⑤ 行き詰まったら、中断の準備をしよう。失敗はつきもの。
　　～授業の途中でも、「やめます」と言える準備と覚悟を～

⑥ 毎日できる程度の授業準備をしましょう。
　労力と成果のバランスを大切に。
　　～手抜きをする、生徒にやらせる、PC等を活用するなど～

⑦ 一般論はどうでもいい。
　目の前の生徒たちにだけ役立てば十分。
　　～「この生徒たちだけのため」の工夫こそが一般解のヒント～

⑧ 校内に仲間をつくろう。
　授業を見せ合うだけでも「大きなパワー」。
　　～2～3人からでOK。教科、学年だったらすごいこと～

⑨ 校外に仲間をつくろう。校外の仲間を呼ぼう、行こう。
　　～見に行くことは支援。来てもらえば内部活性化～

⑩ 教科・科目の壁、校種、地域等々の壁を乗り越えよう！
　　～壁を越えるごとに世界は広がり、アイデアが湧きます～

困ったときには？アクティブラーニングQ&A

他の生徒と関わられずに孤立している子がいたら？

▶ 1人でいる生徒も尊重する

「席は自由です。自由にグループをつくってください」
と言っても、1人でいる生徒はいます。
　基本的に、それがこの生徒の「学習スタイル」として、尊重します。
「先生と話そうか？」
「きみはどう思う？」
と、まず問いかけてみます。
　授業とは別の時間に、
「クラスのみんなとはどうなの？」
と聞くことはありますが、授業中にやりとりをするような、個別面談はしません。そんなことをしたら、
「俺だけ、ダメなの？」
と思って、恥ずかしくなってしまいます。
「話すのが苦手なんです……」
という生徒は、2～3人いることがあります。
　その生徒たちには、
「ゆっくりでいいから、質問できるようになろう」
「友だちに質問できないなら、1時間に1回は私に質問する、から始めようか？」
と、話しかけます。だんだんと、
「あの子に聞いてみるのはどうかな？」
と、生徒たち同士でできるようにしていきます。

▶ 1人でいる生徒を周りが放っておかなくなる

　私の授業のスタイルに慣れてくると、1人でいる生徒に対して、周りの子たちが放っておかなくなります。
「あの子、チームに貢献できていない。どうしたらいいだろう？」
と考え始める生徒もいますし、
「わからないなら、教えるよ」
と行動を起こす生徒も出てきます。
　教員が指示を出し、生徒も教員に話しかけ、頼りにしている授業ではないから、こういうことが起きるのです。生徒たちの主体的、協同的な学びだから、関わり合いが生まれます。
　教員は、自分の言葉で生徒が動いてくれたら気持ちいいものです。でも教員に指示を仰ぐ状況では、アクティブラーニングが起きません。
「指示しないほうが生徒たちが動く」
と知ったとき、私も少々ショックでした。
　アクティブラーニングを起こすには、教員は「生徒を動かす」という意識、習性を変えましょう。

ここがポイント！

1人でいる生徒の学習スタイルも尊重。教員の「きみはどう思う？」から始めよう。アクティブラーニングが起きる時間をさらに延ばすことが課題。

2 間違った答えを正しいと思って進めていたら?

▶ 生徒たちで修正できそうなら静観、危険なときだけ介入

　何人かが間違えていても、他人との関係の中で自動的に修復できるだろう、と思えるときは、生徒たちにまかせます。基本的に、あまりタッチしません。

　ほとんどの場合、最終的には社会構成主義的な学びが起きていって、正解の方向へ向かいます。

　ただし、特定の間違った情報が全体にはびこってしまって、クラス全体として自己修復ができそうにないとき、**どんどん悪循環に陥りそうになったときは、クラス全体がマズい状態なので、私は即座に介入**します。

　一種の危機管理です。
「今、みんながこういうふうに考えているけれど、ここはこういうことなんですよ」
と、たまに全体を止めて伝えることがあります。

　全員一致であっても、よくないことは、担任としての権限や権威を使って止めます。しゃべったり、雑談してもいいけれど、たとえばいじめなども危機介入が必要な場面です。

　授業中、動いて何をやってもいいけれど、**これっていじめだろう? という場面を見つけたら、にこにこしていてはいけない状態**です。
「今、君たちがやっていることは何だ? これは教員として見過ごせない。ちょっとおいで」

と、生徒同士の人間関係にも介入します。

▶ 余計な雑談に走ることもない

「生徒は雑談に走りませんか？」という質問もよく受けます。
　これは私も驚いているのですが、問題が終わらなくなるほど逸脱することはありません。見学に来るみなさんも驚かれます。
　生徒たちは「おしゃべりする授業」が大好きなのです。わからないことを質問したり、答えたり、みんなで考えたりするのが楽しいのです。
　また、確認テストの時間が決まっています。
　みんな、ここで満点を取りたいから、意欲的に勉強しているようです。それでも、話が逸脱していて、遅れそうなら、
「時間に間に合いそうですか？」
と質問します。ほとんどの場合、
「間に合わなくなっちゃう」
「急ごうぜ」
と雑談を止めて取り組み始めます。
　ぜひみなさんにおすすめしたい技法です。

ここがポイント！

「間違った考え」が蔓延しそうなときだけ介入。
雑談しているときは「間に合いそうですか？」と聞くだけでOK。

3 「解答を写して終わり」という生徒がいたら？

▶「解答を見てズルをする」なんて考える生徒はいない

　最初から「解答・解説」を見られるようにしているので、
「それを見て書き写す『タダ乗り』する生徒が出ませんか？」
と、これも多くの人に、よく聞かれます。
　私の授業ではタダ乗りはありませんでした。クラスの雰囲気がよくて、周りから温かく受け止めてもらって、見守られていると思えたら、先生の目を盗んで何かをやろうとか、ごまかしてやろうなんて、誰も思わないのではないでしょうか？
　何を言っても大丈夫だと思えれば、
「この問題、わかんない！」
と言えますし、誰かが「教えてあげるよ」「意外に簡単なんだぜ」と、必ず助けてくれるのですから。
　タダ乗りが起きるクラスは、教員が安全・安心の場づくりをしていないからかもしれません。あるいは、その生徒に特殊な問題が起きているのかもしれません。このあたりを探りたいものです。
　受験勉強を意識しすぎて、先生の発言を「隣のやつより、1点でも多く取れよ」「そのためなら、どんなことをしてもいい」と受け止めている生徒もいるかもしれません。その元になるメッセージを私たち教員が発していることが、背景にあるのかもしれません。気をつけたいものです。

▶ 問題を解く量が圧倒的に増える

　アクティブラーニング型授業というと、
「成績が上がるのか」
「教科書は終えられるのか」
とみなさん心配されるのですが、私のスタイルだと、授業中にこなす問題量は圧倒的に増加します。そして、「ものすごくたくさん」書いています。

　演習問題を4題、確認テストで2題、計6題を週3回、合計すると週に18題、解いています。それだけたくさん解いているから、学習したことも定着するのです。

　これだけ書いて、解いているのだから、成績が上がって当たり前だと思っています。教科書も1回の授業で6ページ以上進みますから、学年末には時間が余るくらいです。

　雰囲気づくりには時間がかかりますが、できてしまえば、「社風」のように、なかなか変わらないものです。そんな雰囲気が心地よくて、放課後、物理室に自主的に集まる生徒たちも生まれました。

> **ここがポイント！**
>
> 「温かく受け止めてもらえるクラス」にズルをする生徒はいない。週18題解く授業スタイルで成績が上がるのは当たり前。

4 他の教員や管理職に理解してもらうには？

▶ 新しいことをやるならご近所の教員にもご挨拶

アクティブラーニング型授業を始めようとしたら、管理職やベテラン教員に大反対されて、
「管理職が転出するまで待っています」
という教員の声も耳にします。

しかしいまは、文部科学省が「アクティブラーニング」と打ち出している時代ですから、校長ほか管理職も、個人的にはそういう授業は好きでなくても、「いいんじゃないの」と、普通はなります。反対する校長もいるかもしれませんが、今後は減っていきます。そこはあまり心配しなくてもいいと思います。

ただ、これからアクティブラーニング型授業を始めようとする教員は、**周囲への気配りは必要だと思います。**

アクティブラーニング型授業は、話し合ったり机を動かしたりするので、騒がしくなります。それで、隣や下の教室からうるさいとクレームが来て、やりにくくなったという話も聞きます。でも、これは、やり方が下手だったのでは？　と感じます。

何か新しいことを始めるときは、隣の教室の教員に一言、話しておけば、問題になることは避けられたのではないでしょうか。
「明日の2時間目に、こういう授業をやるので、5分くらい騒がしくなるかもしれませんけれど、よろしくお願いします」
「小テストとぶつかるなら、時間をずらしますが、どうしましょう？」
などなど。

相談を受ければ、「その時間なら大丈夫」と、隣の教室の教員も答えられるでしょう。人間、予測できていれば問題はあまり起こらないものです。

新しいことを始めようとする人は、そういう視野の広さも必要です。

▶ 生徒にも「この授業だけのルール」と伝えておく

同じ教科で複数の教員がいたときにアクティブラーニング型授業を始めた場合、生徒同士の交流の中で、
「あっちの先生はこんな面白い授業をしているのに、どうしてうちの先生はこれまでどおりの授業なの?」
となってしまうと、教員同士がこじれてしまいます。

教員同士の配慮が足りなかった、典型的な例ですね。

私は、よくこんなふうに言っていました。
「この態度目標は、あくまでも私の物理の授業のルールだからね。ほかの授業は、ほかのルールだよ」

生徒たちは、
「ほかの先生も、小林先生みたいにやってくれないかな」
と思うかもしれませんが、違うルールの授業なのだと理解できます。

ちょっとした配慮で、トラブルは防げるのです。

ここがポイント!

新しいことを始めるときは配慮が大切。
ちょっとした相談でトラブルは防げる。

教育委員会や保護者に理解してもらうには？

▶「いつでも見てください」と授業を公開

　アクティブラーニング型授業を始めて、面と向かって反対されたことはありませんでしたが、少々煙たがられてはいたようです。

　ある会議で、「問題あるんじゃないか？」と話題になったとき、リーダーが、「でも、来年の物理の選択希望者は増えているし」とあっさり返してくれたということもありました。

　2年目以降は、センター試験の結果もどんどん上がるのがわかり、生徒からの評判もいいしということで、問題にはなりませんでした。

　あるとき、管理職に、
「小林先生の授業、なんて説明したらいいかわからない」
と言われたので、
「では、A4プリント1枚にまとめておきます」
と、常に物理室の前に置くようにしました。**説明準備用**です。何枚もあったら読みません。1枚というところが重要です。生徒の1人が、
「もらっていい？　お母さんに見せる」
と言って、持ち帰ったことがあります。
「面白い授業だって言っているんだけれど、説明しづらくて」
と言っていました。

　保護者は、アクティブラーニング型授業と言っても、自分たちは受けたことがないので、びっくりします。授業中に立ち歩く、教員があまり説明しない、なんていきなりわが子から聞いたら、驚きますよね。

▶ 教員から積極的に説明＆アピールを

「面白い授業なんだよ」
と、子どもからポジティブに聞けばいいけれど、
「説明は少なくて、急に自分で考えろとか、話し合えというんだよね」
と聞くと、校長にクレームをつける可能性もあります。
　今は、とても説明しやすい時期です。
「文部科学省の方針で、アクティブラーニング型授業に、積極的に取り組みます」
「説明を少なくして、生徒が自主的に活動する時間を増やします」
「保護者の方々が知っている授業とはだいぶ違いますが、このほうが知識の定着率もよく、生徒たちが将来、時代を生き抜く力をつけるのに効果的と言われています」
　こうしたことを、校長が保護者に向けて話すのがベストですが、難しければクラス担任に、話してもらってもいいですね。
　私は「いつでも誰でも授業を見に来てください」と言っていました。何回か、保護者の方が見にいらっしゃいました。
　教員は、自分の授業を見せたがらない傾向がありますが、むしろ、どんどんオープンにして見せるほうがいいでしょう。

ここがポイント！

A4プリント1枚で授業内容をまとめた資料を用意。
いつでも誰にでも授業を公開する。

6 進学校でなくても効果は上がる？

▶「課題多様校」のほうがより効果が上がる

　私が最初に、埼玉県立越ヶ谷高校でアクティブラーニング型授業を始めたとき、見学に来て感動した教員、自分の学校に持ち帰って成功した学校は、いわゆる「課題多様校」と呼ばれるところが多かったです。

　そういう学校の教員たちは、行き詰まっているのです。

　授業をしても、生徒は寝るし、しゃべるし、動くし……。どうしたらいいのか？　結局、「寝るな」「しゃべるな」と言って、苦労されていたんです。

　でも、私の授業を見て、生徒は動いてしゃべって、寝ないし一生懸命やっている、これはいい！　と思うようなのです。
「進学校が組織ぐるみで始めたから、成功したのでしょう」
と思うかもしれませんが、多くの進学校も、最近始めたところです。

　最初の15分の説明で、もちろん理解できません。
「説明して理解させよう」という、私たちのこれまでの常識が通用しないと感じています。15分でピタッとやめるのは、それ以上説明しても理解が深まらないからです。

　適切な問題を並べておき、それを解くために教科書を読んだり、解説を見たり、友だちと話したりするときに理解するのです。

　そのときに、アクティブラーニングが起きて、「この公式はこう使うんだ」「こういう問題はこう解くんだ」ということがわかるのです。

　だから、演習問題の35分を短くしてはいけないのです。

▶「つい説明での時間が延びる」という教員

「どうも生徒たちがわかっていないと思うので、もう一度説明をしてしまう。すると時間が延びていく」
と言っていた教員がいました。時間を延ばしても無駄だと言ったら、
「これまで何十年もやってきたことを否定された」
と大変ショックを受けていました。

でも、1～2ヵ月後に誘いを受けて授業を見たら、私と同じスタイルの授業に変わっていました。
「あの後、延々と考えた。真似るほうがいいと思って、プロジェクターとパワーポイントを使ってやってみた。そうしたら、小林さんの言うとおりになった」
と言っていました。実は、私のほうが驚きました。

御年61歳で、評判のよい授業をするカリスマ教員だったのです。生徒の感想を聞くと、
「僕たちは、あんなに評判のよかった授業を切り替えたことに感動しています。しかもあのお歳で」
と話していました。

よりよい授業をするのに、年齢も教員歴も関係ないのですね。

ここがポイント！

説明の時間を延ばしても生徒は理解しない。
「やる気」があれば、授業は誰でも変えられる。

あとがき

　私はいくつかのアクティブラーニング型授業の本を手がけていますが、この本ではとくに「導入段階」「始め方」に力を注ぎました。

　アクティブラーニング型授業の話を聞いて、「今までの授業を否定された」「今までの授業を捨てなくてはならない」と感じる人も多くいます。本文で述べたように、そんなことはありません。今、皆さんがやっている授業も定義どおりに読めばアクティブラーニング型授業なのですから。

　でも、少し進めようとすると、「生徒はわかってくれるかな」「どんな準備をすればいいかな」とたくさんの不安があるようです。その不安を減らすことに重点を置いたのがこの本です。スモールステップと具体性を意識したことと、学陽書房の見開き２ページのレイアウトをはじめとした数々のアイデアが、読みやすさを倍増させてくれたと思います。

　また、この本は私が書いたものではなく、私が語り下ろした言葉をライターの高清水美音子さん（一般社団法人　せたがや国語力研究所代表理事）にまとめてもらいました。

　当初、この方法に少し抵抗があったのですが、原稿を練り直すうちに魅力を感じてきました。私には書けない、優しく軽快な口調の方が「わかりやすい」「読みやすい」と感じる読者も多いはずだからです。この魅力は、私のアクティブラーニング型高校物理授業の魅力と同じなのです。

　それは生徒同士がワイワイと話し合っているときによく聞こえてきました。「あ〜、なるほどね。お前の説明の方が、さっきの先生の説明よりよくわかるよ！」という類いです（生徒たちは私の目の前でも平気でこんなことを言っていました（笑））。

　私は一応物理を専門的に学んだので、生徒の説明よりは「正確で精

密な説明」をしているつもりです。しかし、それは同時に生徒たちの普段の話し方とはかけ離れてしまうのです。そのために違和感もあるでしょうし、わかりにくいのだと思います。その点、友達の説明は自分と同じような話し方をしてくれるから、「わかる」のです。生徒たちは「誰かの説明」にこだわることもありませんでした。「あ、Ａ君の説明の方が僕にはわかりやすいな」「私にはＢ君の方がぴったりくる。それ、いただき〜」という感じでした。

　私の文章でなじめなかった人が、高清水さんの文章でよくわかるなら、それがよいと思っています。少しでも多くの皆さんがアクティブラーニング型授業を始めるために、その間口が広がることを願っているからです。

　ぜひ、気軽に気が向いたところから読んでいただき、時々、読み返していただき、少しずつアクティブラーニング型授業を進めてみてください。

　そして、始めたら「先生自身が授業を通して学習・成長する」ことをお楽しみください。これは私自身が感じたアクティブラーニング型授業最大のメリットです。それ以前の私は授業について考える時間など、ほとんどなかった気がします。でも、この授業を始めると授業中の生徒たちの様子が見えるし、発言が聞こえます。リフレクションカードを読む時間は私にとって貴重な「振り返りと気づき」の時間でした。

　その結果、大げさなことを言うと、一日中授業のことを考えていた気がします。これは楽しいことでしたし、着々と授業の工夫も積み重なります。

　みなさんにも、この「生徒(児童)も先生も成長できる授業」の楽しさを体験してもらいたいものです。どうぞ、お始めください。

　　2016年1月　　　　　　　　　　産業能率大学経営学部教授
　　　　　　　　　　　　　　　　　　　　　　小林昭文
　　　　　　　　　　　　　　　　　　　　　(akikb2@hotmail.com)

著者紹介

小林昭文 (こばやし　あきふみ)

産業能率大学経営学部教授。埼玉大学理工学部物理学科卒業。空手のプロを経て埼玉県立高校教諭として25年間勤務。在職中に、カウンセリング、コーチング、エンカウンターグループ、メンタリング、アクションラーニングなどを学び、それらを応用して高校物理授業をアクティブラーニング型授業として開発し、成果を上げた。
高校教諭を定年退職後、河合塾教育研究開発機構研究員、産業能率大学経営学部教授などの立場で実践・研究を進め、アクティブラーニング型授業を広めるため講演・執筆活動に精力的に活躍中。
主な著書に『アクティブラーニング入門』『アクティブラーニング実践』(いずれも産業能率大学出版部)、『今日から始めるアクティブラーニング』(共著、学事出版)などがある。

- 執筆協力
  高清水美音子（一般社団法人　せたがや国語力研究所代表理事）

いまからはじめる
アクティブラーニング導入＆実践BOOK

2016年2月18日　初版印刷
2016年2月25日　初版発行

著　者	小林昭文
発行者	佐久間重嘉
発行所	学陽書房

〒102-0072　東京都千代田区飯田橋1-9-3
営業部　　　　TEL 03-3261-1111　FAX 03-5211-3300
編集部　　　　TEL 03-3261-1112　FAX 03-5211-3301
　　　　　　　振替口座　00170-4-84240

装丁／スタジオダンク
本文デザイン・DTP制作／岸博久（メルシング）
印刷／加藤文明社　製本／東京美術紙工

© Akifumi Kobayashi 2016, Printed in Japan　ISBN 978-4-313-65303-0 C0037
乱丁・落丁本は、送料小社負担にてお取替えいたします。
定価はカバーに表示してあります。